国学经典解读：道德经篇

李红梅　奚小禾 / 编著

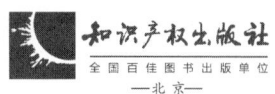

知识产权出版社
全国百佳图书出版单位
—北京—

图书在版编目（CIP）数据

国学经典解读. 道德经篇/李红梅，奚小禾编著. —北京：知识产权出版社，2025.8. — ISBN 978-7-5130-9913-4

Ⅰ．Z126

中国国家版本馆 CIP 数据核字第 2025JK1975 号

责任编辑：贺小霞　　　　　　　　　责任校对：谷　洋
封面设计：刘　伟　　　　　　　　　责任印制：刘译文

国学经典解读：道德经篇

李红梅　奚小禾　编著

出版发行：	知识产权出版社有限责任公司	网　　址：	http://www.ipph.cn
社　　址：	北京市海淀区气象路50号院	邮　　编：	100081
责编电话：	010-82000860 转 8129	责编邮箱：	2006HeXiaoXia@sina.com
发行电话：	010-82000860 转 8101/8102	发行传真：	010-82000893/82005070/82000270
印　　刷：	天津嘉恒印务有限公司	经　　销：	新华书店、各大网上书店及相关专业书店
开　　本：	720mm×1000mm　1/16	印　　张：	13.75
版　　次：	2025 年 8 月第 1 版	印　　次：	2025 年 8 月第 1 次印刷
字　　数：	200 千字	定　　价：	68.00 元

ISBN 978-7-5130-9913-4

出版权专有　侵权必究

如有印装质量问题，本社负责调换。

前　言

正如一千个读者眼中有一千个哈姆雷特，一千个读者眼中也有一千个老子。作为中国古老的思想经典，《道德经》以五千文字，几乎涵盖了人类社会科学各个领域的基本思想和方法，可称得上社会科学的总纲。古往今来，有无数的文人墨客竞相阅读、注解老子的《道德经》，在与经典对话的过程中，留下思想的足迹，汲取老子思想的营养和精粹，成就精彩纷呈的多彩人生。著名的解读著作有战国末期韩非子的《解老》《喻老》，汉代的《老子河上公章句》，三国曹魏时期王弼的《老子道德经注》，宋代司马光的《道德真经注》、王安石的《老子注》、苏辙的《老子解》，明代释德清的《老子道德经解》，清代王念孙的《老子杂志》，近现代有任继愈的《老子今译》、陈鼓应的《老子注释及评介》等。

《老子》版本众多，最为著名的有三种：通行本、帛书本和竹简本。通行本是王弼的《老子道德经注》。帛书本是1973年12月在长沙马王堆三号汉墓出土的两种抄写于帛书上的《老子》版本，一种为小篆，另一种为隶书，分为甲本和乙本。竹简本是1993年冬在湖北荆门市郭店村出土的抄写于竹简上的《老子》版本。

孔子眼中的老子是这样的，"鸟，吾知其能飞；鱼，吾知其能游；兽，吾知其能走。走者可以为罔，游者可以为纶，飞者可以为矰。至于龙，吾不能知，其乘风云而上天。吾今日见老子，其犹龙邪！"（司马迁《史记·老子列传》）。

在信息化、全球化时代，人类的精神世界显然追不上物质世界的发达。如何安顿自己的灵魂，如何度过幸福一生，如何建设和谐人类家园，相信老子会给出令人满意的答案。有研究表明，仅是朗读《道德经》，就有平和心境、愉悦心情、宁静心灵的作用。如果再读懂老子的思想，并运用于工作、生活和人生中，会活得更加通透、清澈、明悟和通达，人生也会更加从容和幸福。老子的思想，对于历史、政治、军事、哲学、建筑、心理等领域的工作，更是具有总纲和方法论的指导意义。

两千多年的经典，是世世代代共同的精神认同和口碑传承。老子更是被视为道家文化的鼻祖，在道家文化的教学中，《道德经》被视为必读经典和本派教义原典。

目 录

第一章　有无相生 …………………………………………… 1
第二章　阴阳大道 …………………………………………… 3
第三章　无为而治 …………………………………………… 6
第四章　万物之宗 …………………………………………… 8
第五章　天地不仁 …………………………………………… 10
第六章　谷神不死 …………………………………………… 12
第七章　天长地久 …………………………………………… 14
第八章　上善若水 …………………………………………… 16
第九章　功成身退 …………………………………………… 19
第十章　不恃不宰 …………………………………………… 21
第十一章　有无之用 ………………………………………… 23
第十二章　重里轻表 ………………………………………… 25
第十三章　可托天下 ………………………………………… 27
第十四章　道是抽象 ………………………………………… 30
第十五章　善为道者 ………………………………………… 33
第十六章　虚极静笃 ………………………………………… 36
第十七章　太上，不知有之 ………………………………… 39
第十八章　阴阳共生 ………………………………………… 42
第十九章　见素抱朴 ………………………………………… 44

第二十章	得道之人	46
第二十一章	孔德之容	49
第二十二章	曲则全	52
第二十三章	希言自然	55
第二十四章	企者不立	58
第二十五章	道法自然	60
第二十六章	重为轻根	63
第二十七章	善行无辙	65
第二十八章	知雄守雌	68
第二十九章	无为无执	71
第三十章	慎兵慎战	74
第三十一章	兵者不祥	77
第三十二章	道常无名	80
第三十三章	自知者明	82
第三十四章	大道氾兮	84
第三十五章	执大象	86
第三十六章	阴阳转化	88
第三十七章	道无为而无不为	91
第三十八章	上德无为	93
第三十九章	得一守道	97
第四十章	反者道之动	100
第四十一章	大器晚成	102
第四十二章	道生一	105
第四十三章	以柔克刚	108
第四十四章	知足不辱	110
第四十五章	大成若缺	112
第四十六章	知足常足	114
第四十七章	不为而成	116

第四十八章	为道日损	119
第四十九章	圣人无常心	121
第五十章	善摄生者无死地	124
第五十一章	尊道贵德	127
第五十二章	天下有始	130
第五十三章	唯施是畏	133
第五十四章	以身观身	136
第五十五章	含德之厚	140
第五十六章	是谓玄同	143
第五十七章	以正治国	146
第五十八章	福祸相倚	149
第五十九章	治人事天莫若啬	152
第六十章	治大国若烹小鲜	154
第六十一章	大者宜为下	156
第六十二章	道者万物之奥	159
第六十三章	图难于其易	162
第六十四章	慎终如始	165
第六十五章	不以智治国	168
第六十六章	百谷王者	171
第六十七章	不敢为天下先	173
第六十八章	不争之德	176
第六十九章	哀者胜矣	178
第七十章	则我者贵	181
第七十一章	知不知上	183
第七十二章	自爱敬民	185
第七十三章	天道不争	187
第七十四章	民不畏死	190
第七十五章	利民富民	193

第七十六章　柔弱者生 ………………………………… 195

第七十七章　损有余而补不足 ………………………… 197

第七十八章　弱之胜强 ………………………………… 200

第七十九章　天道常与善人 …………………………… 203

第八十章　小国寡民 …………………………………… 205

第八十一章　为而不争 ………………………………… 208

后　记 …………………………………………………… 211

第一章　有无相生

原文

道可道，非常道；
名可名，非常名。
无名，天地之始；
有名，万物之母。
故常无欲以观其妙；
常有欲以观其徼。
此两者同出而异名，
同谓之玄。
玄之又玄，众妙之门。

译文

可以言说的规律法则不是最深邃的永恒真理，
可以言说的名称不是最深刻的永恒概念。
没有名称是天地万物的本源和起始，
有名称是宇宙万物的起点和开端。

所以，常从无形无相处观察事物的运转机制和奥秘，

常从有形有相处观察事物千变万化的范围和边界。

无形与有形、无相与有相，二者都是道延伸出来的不同形态，异曲而同工，异名而实质，

二者都很玄妙。

玄妙之深邃悠远，是宇宙万物奥妙的总源。

解读

无中生有。"有"是可言说的，是有形有相、有声有色、有情有义的。"无"是最深刻的道理和规律，是隐藏在这些形相声色情义背后的底层逻辑，无声无息，不着痕迹，支配着宇宙万事万物的运行。探索事物表象背后的规律，需要剥离具体表象，抽取共相共性，厘清事物发展的范围和边界，需要观察事物千变万化的具象和个性表现。"有"与"无"是事物存在的两种形态，"有"是人们的感官可感知的存在；"无"是人们的感官感知不到的存在，但有可能被人类的抽象思维推理出来。"有"是大多数人都能轻而易举感受到的存在。"无"是只有少数人通过抽象思维才能感受到的存在。"无中生有"是宇宙万事万物运行的普遍规律。无形生有形，无相生有相，共性生个性，宇宙运行的大道运化万事万物运行的具体规律。

参考文献

[1] 老子. 道德经 [M].《小墨香书》编委会，编. 长沙：湖南美术出版社，2011.

[2] 陆玉林. 道德经精粹解读 [M]. 北京：中华书局，2001.

第二章　阴阳大道

> **原文**

天下皆知美之为美，斯恶已；
皆知善之为善，斯不善矣。
故有无相生，
难易相成，
长短相形，
高下相倾，
音声相和，
前后相随，
恒也。
是以圣人处无为之事，
行不言之教，
万物作焉而不辞，
生而弗有，
为而弗恃，
功成而弗居。
夫唯弗居，

是以不去。

译文

天下人知道了什么是美的，也就知道了什么是丑的；
天下人知道了什么是善的，也就知道了什么是恶的。
所以说，有和无是相互生成的，
难和易是相互成就的，
长和短是相互比照的，
高和下是相互依存的，
音和声是相互调和的，
前和后是相互追随的，
这是永恒的规律。
因此，圣人顺其自然以处世，
润物无声以教人，
万物欣欣向荣而不横加干涉。
生养万物而不据为己有，
有所作为而不自恃其能，
功成名就而不居功自傲。
正因为不居功，
所以功德永不消失，名垂千古。

解读

一阴一阳谓之道，阴阳共生，运化万物。这是中国古人在观察宇宙万物众生生长发展的现象后，得出的朴素道理。在现代科学视野中，可称之辩证法。在老子眼中，万事万物都有阴阳两点两面，阴阳相生相成相形相倾相和相随，比如，美与丑，善与恶，有与无，难与易，长与短，高与下，阴与阳，前与后，清与浊，动与静，大与小，上与下，内与外，左与右，男与女，轻与重，好与坏，明与暗，远与近，冷与热，温与凉，快与慢，优与劣，贫与富，多与少，义与利，廉与贪，忠与奸，正与邪，贵与贱，和与分……这是永恒的规律。

圣人遵循天道，顺应自然。无为以处世，无言以身教。万物众生蓬勃生长而不横加干涉阻拦，生育万物而不占为己有，育化众生而不自恃其能，功高于世而不居功自傲，正是因为不居功，所以功德千古流芳，永不消失。

参考文献

[1] 老子. 道德经 [M].《小墨香书》编委会，编. 长沙：湖南美术出版社，2011.

[2] 陆玉林. 道德经精粹解读 [M]. 北京：中华书局，2001.

第三章　无为而治

原文

不尚贤，使民不争；
不贵难得之货，使民不为盗；
不见可欲，使民心不乱。
是以圣人之治，
虚其心，实其腹，弱其志，强其骨。
常使民无知无欲。
使夫智者不敢为也。
为无为，则无不治。

译文

不崇尚贤能高士，使人民不争名夺利；
不珍视那些稀有罕见的财物，使人民不做盗贼；
不呈现那些求而可得、引发贪欲的东西，使人民心神不被迷乱。
因此，圣人治理天下，
使人民心灵虚空，不生杂念，吃饱肚腹，弱化志向，强身健骨。

经常让人民没有谋略、没有野心、没有欲望。

使那些有才能有智慧的人不敢有所作为。

圣人以无为的方式治理天下，则天下太平。

解读

世界很小，处处皆相逢，无为而治是通行社会各领域的法则。在国家治理中，无为而治就是使整个社会处于朴实无华、顺其自然、素朴本真的自然状态，不刻意突出推崇什么。

远古时代圣明的君主管理天下，不推崇贤能高士，使人民不至于为了显露才华技能而争名夺利。不看重那些稀有珍贵之物，使人民不生贪念，不做盗贼。不呈现那些求而可得、容易引发人们贪欲的东西，使人民心神澄明，不被迷乱。

因此，圣人治理天下，使人民心灵虚空，不生杂念，生活殷实，弱化志向，强壮筋骨。人民淡泊名利、朴素自然，那些有才能有智慧的人不敢为所欲为。圣人以无为的方式治理天下，则天下太平。

参考文献

［1］老子. 道德经［M］.《小墨香书》编委会，编. 长沙：湖南美术出版社，2011.

［2］陆玉林. 道德经精粹解读［M］. 北京：中华书局，2001.

第四章　万物之宗

原文

道冲而用之或不盈，
渊兮似万物之宗；
挫其锐，解其纷，
和其光，同其尘。
湛兮似若存，
吾不知谁之子，
象帝之先。

译文

道虚空无形，作用却无穷无尽，
它像深谷一样幽静深远，仿佛是万物的根源；
它隐藏自己的锋芒，化解自己的纷扰，
柔和自己的光芒，混同于尘世众生。
它幽寂沉静，似有若无，若隐若现，
我不知道它来自何处，

好像在天帝诞生之前就已经存在。

解读

道究竟是什么？它无形、无相、无情、无名，却取之不竭，用之不尽。它幽若深谷，深邃幽远，是万物之根源。它隐藏了自己的锋芒，遣散了纷扰，柔和了光芒，混同于芸芸众生，沉寂幽静，似有若无，似无若有。我不知道它究竟来自何处，是谁创造了它，好像在天地之前就已经存在。

道，万物之宗。老子在《清静经》中曾说，"大道无形，生育天地；大道无情，运行日月；大道无名，长养万物"，又说"道生一，一生二，二生三，三生万物"，还说"道法自然"，道以宇宙万事万物为载体，以有形承载无形，以有相承载无相，以现象承载规律。

道法自然。道无形无相，看不见摸不着，作用却无穷无尽。大道皆由自然界的万事万物来呈现，支配大自然运行的法则即是道。

参考文献

[1] 老子. 道德经［M］.《小墨香书》编委会，编. 长沙：湖南美术出版社，2011.

[2] 陆玉林. 道德经精粹解读［M］. 北京：中华书局，2001.

第五章　天地不仁

原文

天地不仁，
以万物为刍狗；
圣人不仁，
以百姓为刍狗。
天地之间，
其犹橐龠乎？
虚而不屈，
动而愈出。
多言数穷，
不如守中。

译文

天地公正无私，一视同仁，没有偏爱，
把万物看作用稻草扎成的小狗，任其自然生长。
圣人如同天地公正无私，没有偏爱，

把天下百姓众生视为刍狗，顺其自然，无为而治。
天地之间的茫茫宇宙，
就像一个大大的风箱，
内部虚空却永不衰竭，
鼓动起来却源源不断。
言多必失，话说太多，屡遭困境，
不如执中守正。

解读

顺其自然，无为而治。治理国家应当效法天地大道，大道无形无名无情，公正无私，不偏不倚，不仁不私，以万物为刍狗，任其自然生长。远古时代，圣人治理天下也是如此，顺其自然，无为而治，老百姓顺应天时，自然生息。人类社会的运作，犹如天地之间的茫茫宇宙，宇宙就像一个大大的风箱，内部虚空却永不枯竭，运作起来生生不息、源源不断、代代流传。言多必失，政令繁杂，反而容易陷入千变万化、千头万绪的一团乱麻之中，不如守住底线，抓住根本，厘清主线，无为而治，以不变应万变，启动人民自然自生、自长自养的力量。

参考文献

[1] 老子. 道德经 [M]. 《小墨香书》编委会，编. 长沙：湖南美术出版社，2011.
[2] 陆玉林. 道德经精粹解读 [M]. 北京：中华书局，2001.

第六章　谷神不死

原文

谷神不死，
是谓玄牝。
玄牝之门，
是谓天地根。
绵绵若存，
用之不勤。

译文

道，玄妙幽深，永不停息，
这是深奥玄妙的母性。
深奥玄妙的母性之门，
是天地万物的根源。
源远流长，绵绵不绝，
取之不竭，用之不尽，永不枯竭。

解读

道,虚空无尽,绵绵不绝,生生不息,是天地万物众生产生的根源,道就像雌性母体,生育万千生灵。道生育天地,运行日月,长养万物,运化众生。道是宇宙万物众生运转的底层逻辑,决定着万物众生产生、发展、消亡的全过程,是理解天地万物众生的总钥匙和总方法。

参考文献

[1] 老子. 道德经 [M].《小墨香书》编委会,编. 长沙:湖南美术出版社,2011.

[2] 陆玉林. 道德经精粹解读 [M]. 北京:中华书局,2001.

第七章 天长地久

原文

天长地久。
天地所以能长且久者，
以其不自生，
故能长生。
是以圣人后其身而身先，
外其身而身存，
以其无私，
故能成其私。

译文

天地永恒而持久，
天地之所以永恒而持久，
是因为天地无私，
不为自己而存在，
所以能永恒存在。

因此，圣人不争，凡事以人为先，自甘人后，反而能在众人中领先，

将生命置之度外，反而能够保全性命，

因其无私谦让，反而能成就自己。

解读

顺其自然，水到渠成。圣人如天地，天地之所以能够永恒而持久，是因为无私。天地不为自己而存在，所以能永恒存在。圣人不争，凡事谦恭退让，以人为先，以己为后，先人后己，顺其自然，反而能在人群中遥遥领先。圣人无私，在做事时将个人生死置之度外，反而能够保全性命，益寿延年。圣人因其无私无争，德配天地，因而能够成就自己。

一个人为社会为他人做多大贡献，社会和他人就将给他多大的荣誉。伟人因其把国家利益、民族利益、人民利益放在心中最高位置，国家和人民也把他放在心中最高位置，万世敬仰。把"大我"放在心中的人，无私无欲，为集体利益而奋斗，历史会将他的名字永远镌刻在历史的丰碑上，名垂青史，千古流芳。谦让无争者，反而在人群中遥遥领先；置之度外者，反而保全性命，益寿延年。

参考文献

[1] 老子. 道德经 [M].《小墨香书》编委会, 编. 长沙：湖南美术出版社, 2011.

[2] 陆玉林. 道德经精粹解读 [M]. 北京：中华书局, 2001.

第八章　上善若水

原文

上善若水。
水善利万物而不争,
处众人之所恶,
故几于道。
居善地,
心善渊,
与善仁,
言善信,
政善治,
事善能,
动善时。
夫唯不争,
故无尤。

第八章 上善若水

译文

至高境界的道德修养像水一样。
水善于滋养万物而不与之相争,
处于众人所厌恶的低位,无争,
所以几乎接近于大道。
善于选择低位,
修心善于保持深邃幽静的心境,
与人交流善于保持仁厚博爱,
言谈善于保持诚信可靠,
为政善于实现政通人和,
做事善于扬长避短,发挥所长,
行动善于把握时机。
因为与世无争,
所以没有担扰和怨恨。

解读

至高境界的道德修为像水一样,水善于滋养万物而不与之相争。"人往高处走,水往低处流",最高境界的修养和人之常性相反,和水之德性相同。水善于处于众人所厌恶的低位洼地,圣人也善于低调处事,居住善于选择朴实无华之地,修心善于保持幽深清静,与人交往善于保持仁厚博爱,言谈善于保持诚信可靠,治理国家善于实现政通人和,做事善于扬长避短,行动善于把握时机,一挥而就。因为与世无争,所以没有怨尤。故圣人如水,以无为之心,以不争之德,居处低位,内心清静,言谈诚信,为政清明,做事高效,行动择时,与世无争,人所无怨。

各个时代品德修为高尚的人,大多以出世之心,经营入世的事业,朴实无华，淡泊名利，心如止水，顺其自然。他们心怀天下苍生，以自己满身才华为时代，为民众做一点事情，做一些贡献。他们视名利为身外之物，视权力为做事的舟楫，暂借而已，待功成身退，挂冠而去，或回归江湖，或隐于市井，或消失于茫茫人海，因为无争，所以善终。

参考文献

[1] 老子. 道德经［M］.《小墨香书》编委会，编. 长沙：湖南美术出版社，2011.

[2] 陆玉林. 道德经精粹解读［M］. 北京：中华书局，2001.

第九章　功成身退

原文

持而盈之，
不如其已；
揣而锐之，
不可长保。
金玉满堂，
莫之能守；
富贵而骄，
自遗其咎。
功遂身退，
天之道也。

译文

端着容器，里面注满了酒水，
不如停止；
锤击一件兵器，使其锋芒锐利，

不可能长久保持。
金银珠宝堆满整间房屋，
没有能长久拥有的；
富有显贵而骄横自满者，
自己招来灾祸，
功成名就，激流勇退，
这是自然规律。

解读

功成名就、激流勇退是自然规律，任何事物都要适可而止。"持盈""揣锐""金玉满堂""富贵而骄"，讲了人类社会生活中"酒斟满""弓拉满""月全圆""山尖尖"的四种极致情况。

宇宙万物众生的客观规律是月满则亏、水满则溢、盛极而衰、物极必反、阴阳转化、辩证共生。盈亏、盛衰、满损、谦益、圆缺、起落、进退、成败，是天地间万事万物相互转化、辩证共生的两种状态。

潮起潮落，月圆月缺，花开花落，春生冬藏，这是自然规律在大海、日月、草木、四季身上的呈现。"满招损，谦受益"是自然规律在人生处世哲学中的应用，这一道理启示我们，成功时不张狂，不嚣张，要低调，要谦虚，要谨慎，否则会进退失据，自招祸端。

参考文献

[1] 老子. 道德经 [M].《小墨香书》编委会，编. 长沙：湖南美术出版社，2011.
[2] 陆玉林. 道德经精粹解读 [M]. 北京：中华书局，2001.

第十章　不恃不宰

原文

载营魄抱一，能无离乎？
专气致柔，能如婴儿乎？
涤除玄鉴，能无疵乎？
爱国治民，能无为乎？
天门开阖，能为雌乎？
明白四达，能无知乎？
生之畜之，生而不有，
为而不恃，长而不宰，
是谓玄德。

译文

身体承载着不安的灵魂，能身心合一，心神合一，做到不互相分离吗？
聚精会神，达致柔软，能像婴儿一样纯真无邪吗？
清除心中各种私心杂念，像明镜一样无染，能没有瑕疵吗？

热爱百姓，治理国家，能无为而治吗？

五官呼吸吐纳，能保持柔和宁静吗？

明事达理，通达四方，能不用智慧吗？

生养万物却不据为己有，

施恩众生却不自恃功高，成就万物却不生杀予夺，

这是最深厚的道德。

解读

一个人修行的最高境界是抱一、致柔、玄鉴、无疵、无为、为雌、无知、不有、不恃、不宰。道德高尚的人，身心合一，心神相抱，聚精会神，柔和宁静，像婴儿般天真无邪，心灵纯洁像明镜一样无染。道德高尚的人爱民治国，无为而治，顺其自然，修身养性，柔和宁静，明事达理，通达四方，却不用智慧心机。

道德高尚的人，如天地之大道，生养万物，却不据为己有；施恩众生，却不居功自傲；助力万物成长，却不生杀予夺，不主宰其命运，而是顺其自然，任其天性。比如，父母不能因为生育孩子、教养其长大就视子女为私有财产，而是需要尊重子女的独立人格和命运选择。教育者、管理者不能因为拥有教育学生、管理下属的权力而视学生、下属为附庸，而是需要尊重其平等权利和人格尊严。

参考文献

[1] 老子. 道德经［M］.《小墨香书》编委会，编. 长沙：湖南美术出版社，2011.

[2] 陆玉林. 道德经精粹解读［M］. 北京：中华书局，2001.

第十一章　有无之用

原文

三十辐，共一毂，
当其无，有车之用。
埏埴以为器，
当其无，有器之用。
凿户牖以为室，
当其无，有室之用。
故有之以为利，
无之以为用。

译文

三十根辐条装到一个车毂上，
因为车毂中的虚空部分，车轴转动才有了车辆的运载和交通功能。
和泥制作器皿，
由于器皿的中空，才有了盛纳酒水的功能。
开凿门窗建造房屋，

由于门窗的中空，才有了房屋居住的功能。

所以物品实体给人以便利和实用价值。

当它们保持中空时，才能发挥这种作用。

解读

大自然中的事物有两种，一种是大自然中本来就具有的，另一种是人类创造的物品，如毂、器、室等。人类之所以创造车轮、容器、房屋，是因为它们能够满足人类生活的需求：交通的需求、盛纳的需求和居住的需求，这是车轮、容器和房屋对于人类生活的实际价值和功能，即"利"。车用、器用、室用是其具体价值，这些功能的发挥是以"无"为前提，"当其无"，即车毂中空、器皿中空、户牖中空，才有了交通前行、承纳酒水、居住人丁的作用。

虚怀若谷，盛纳天地；水满则溢，人满则败，这是"当其无""有其用"对我们的启示。人要有空杯心态，不忘初心，牢记使命，时刻有一种"太阳每天都是新的"之初生心态和姿态，永远保持一颗赤子之心，投入每一天的工作和生活，如此才能与时俱进、与日俱增。

参考文献

[1] 老子. 道德经 [M]. 《小墨香书》编委会，编. 长沙：湖南美术出版社，2011.

[2] 陆玉林. 道德经精粹解读 [M]. 北京：中华书局，2001.

第十二章　重里轻表

原文

五色令人目盲，
五音令人耳聋，
五味令人口爽，
驰骋畋猎令人心发狂，
难得之货令人行妨。
是以圣人为腹不为目，
故去彼取此。

译文

五彩缤纷、五颜六色，令人眼花缭乱；
五音六律、八音迭奏，令耳朵听不清楚；
五味俱全，令人口感损伤；
骑马打猎，驰骋田野，令人心神动荡；
稀世珍宝，令人目不转睛，迈不开脚步，损坏人的德行。
因此，圣人重口腹之温饱，轻耳目之声色。

所以，圣人懂取舍，知轻重，重实轻虚，重里轻表。

解读

五音、五色、五味、畋猎、难得之货，代表天地间颜色之缤纷、声音之袅袅、口味之美爽、心神之飞扬、宝物之稀少。声色犬马，珠光宝气，这些都是普通人所珍爱和追求的感官享受和物欲幸福，认为拥有美色、美味、美声、美物、珠宝，这就是人生的成功和快乐。

圣人则不然，圣人重内轻外、重里轻表、重实轻虚。忠言逆耳、巧言令色，在圣人看来，贪图美色令人看不清楚善恶，沉溺靡靡之音令人分不清忠奸，贪图美味令人忘记勤俭，贪图金银珠宝令人忘记忧患。善恶、忠奸、勤俭、忧患是修身、齐家、治国、平天下的重要内容。

知善恶、辨忠奸、守勤俭、思忧患，永葆初心，谦虚谨慎，不骄不躁，保持克勤克俭，永葆艰苦奋斗的作风，才是一个国家长治久安的基础。

伟大的政治家和伟大的思想家，即使跨越千年，依然能够让人产生强烈的心灵震撼和思想共鸣。1949 年，在革命胜利的前夜，关于如何建设和治理好一个崭新的国家，毛泽东向全党发出了"两个务必"的号召，"务必使同志们继续地保持谦虚、谨慎、不骄、不躁的作风，务必使同志们继续地保持艰苦奋斗的作风"，"两个务必"回应了《道德经》圣人治国的思想和远见。

参考文献

[1] 老子. 道德经 [M].《小墨香书》编委会，编. 长沙：湖南美术出版社，2011.

[2] 陆玉林. 道德经精粹解读 [M]. 北京：中华书局，2001.

[3] 毛泽东选集：第 4 卷 [M]. 2 版. 北京：人民出版社，2006：1438 – 1439.

第十三章　可托天下

原文

宠辱若惊，
贵大患若身。
何谓宠辱若惊？
宠为上，辱为下，
得之若惊，
失之若惊，
是谓宠辱若惊。
何谓贵大患若身？
吾所以有大患者，
为吾有身，
及吾无身，
吾有何患？
故贵以身为天下，
若可寄天下；
爱以身为天下，
若可托天下。

> **译文**

得宠和受辱感到惊恐不安,
重视祸患如同重视自身安危一样,
什么是得宠和受辱感到惊恐不安呢?
得宠就感到高人一等,受辱就感到低人一等,
得到时惊喜万分,
失去时惊恐不安,
这就是宠辱若惊。
什么叫重视祸患如同重视自身安危一样呢?
我之所以有大的祸患,
是因为我有自身的安危、利益和需求,
如果我没有自身的安危、利益和需求,
我又有什么祸患呢?
因此,像重视自身利益一样重视天下人利益的人,
是可以把天下托付给他的;
像爱惜自己一样爱惜百姓的人,
是可以把天下托付给他的。

> **解读**

合格领导者的素质是爱民如己。贵以身为天下者,爱以身为天下者,爱民如身者,可以托付天下。一个人重视自身生命安全和荣辱得失是一种本能。无欲则刚,讲的是一种生命境界和道德修为,指的是面对功名利禄时,超然物外、淡泊名利的心境。任何人面对生命危险,面对人生荣辱,都会有趋利避害、趋安避险的本能,保全自身性命,保全自身尊严,保全自身生存,是一个人安身立命的必然选择和自卫本能,此之谓贵大患

若身。

爱民如己者，天下等身，可以托付天下。一个人像重视自身安危一样重视天下人的安危，一个人像爱惜自身利益一样爱惜天下人的利益，是可以放心把天下交付给他治理的。把天下百姓放在心头，视同自我，视同己身；把天下人的安危、荣辱、得失，视同自身的安危、荣辱、得失，爱民如己，这是一个合格领导者的基本素质。

中国古人更进一步，说"爱民如子""先天下之忧而忧，后天下之乐而乐"。重视天下人的安危、荣辱和得失，超过了重视自身的安危、荣辱和得失，这是优秀领导者的素质。那些殚精竭虑、夙夜在公、鞠躬尽瘁、死而后已的人，在中国几千年的政治舞台上比比皆是。而那些以天下为器、为自身谋利的政客，在古人眼中不值得托付天下。

参考文献

[1] 老子. 道德经 [M].《小墨香书》编委会，编. 长沙：湖南美术出版社，2011.
[2] 陆玉林. 道德经精粹解读 [M]. 北京：中华书局，2001.

第十四章　道是抽象

原文

视之不见名曰夷；
听之不闻名曰希；
抟之不得名曰微。
此三者不可致诘，
故混而为一。
其上不皦，
其下不昧，
绳绳兮不可名，
复归于无物。
是谓无状之状，
无物之象，
是谓惚恍。
迎之不见其首，
随之不见其后。
执古之道，
以御今之有。

能知古始，

是谓道纪。

译文

看了却看不见，叫夷；

听了却听不着，叫希；

摸了却摸不到，叫微。

这三者感官感觉不到，无法追究。

所以道是混沌一体的，

其上端不明亮，不清晰，

其下端不昏暗，不隐秘，

渺茫不可描述其形状，

回归于无形无相无声。

这就是没有形状的形状，

没有物象的物象，

可称之为恍惚。

迎面相遇，看不见其头；

尾随其后，看不见其尾。

按照古代的道理和规则来驾驭当今社会的状况，

能知道宇宙大道的开端，这就是道的纲纪。

解读

道是天地万物产生、发展和变化的规律。道看不见、摸不着、听不见，是混沌一体、不可名状的。其上端不光明，其下端不昏暗，无形、无相、无声。迎面相遇，看不见其头，尾随其后，看不到其尾，是无状之状，无物之象。道是万事万物产生与发展的本源，"道生一，一生二，二生三,三生万物",天地、日月、四季、万物皆产生于道。

参考文献

[1] 老子. 道德经 [M].《小墨香书》编委会,编. 长沙:湖南美术出版社,2011.
[2] 陆玉林. 道德经精粹解读 [M]. 北京:中华书局,2001.

第十五章　善为道者

原文

古之善为道者，
微妙玄通，
深不可识。
夫唯不可识，
故强为之容。
豫兮若冬涉川，
犹兮若畏四邻，
俨兮其若客，
涣兮若冰之将释，
敦兮其若朴，
旷兮其若谷，
混兮其若浊。
孰能浊以止？
静之徐清。
孰能安以久？
动之徐生。

保此道者不欲盈。

夫唯不盈，

故能蔽而新成。

译文

古代善于遵循规律的人，

其思想精微奇妙，深刻而通达，

深邃到无法理解。

正因为别人无法理解，

所以勉为其难这样形容他。

犹豫谨慎的样子像冬天过大河，

警惕戒备的样子仿佛畏惧来自四面的威胁，

持重庄严的样子仿佛出门做客，

舒展自然的样子仿佛冰雪将要融化，

敦厚朴实的样子仿佛未经加工、古朴天然的原木，

空旷阔达的样子仿佛辽阔幽深的山谷，

浑厚质朴的样子仿佛奔腾混浊的河水。

谁能让混浊的水流不再混浊？

只有让它静下来，才能慢慢变得清澈。

谁能让安定得以长久？

只有在变动中慢慢孕育生机，才能生生不息。

遵循这种规律的人不自满。

因为不骄不躁不自满，

所以既古老又年轻，既守旧又新成。

解读

古往今来,那些得道的人,其思想深邃玄妙,深不可测,他的样子可以勉为其难地这样形容一下:小心谨慎、居安思危、庄严肃穆、舒展自然、敦厚淳朴、空旷阔达。

得道的人,犹豫谨慎的样子仿佛冬天过大河,如履薄冰,如临深渊;警惕戒备的样子仿佛提防来自四面的威胁;持重庄严的样子仿佛外出做客;舒展自如、随意自然的样子仿佛冰雪将要融化;敦厚淳朴的样子好像未经雕琢、古朴天然的原木;空旷阔达的样子仿佛辽阔幽深的山谷;浑厚质朴的样子如同奔腾混浊的河水。

谁能让混浊的水流不再混浊?只有让它安静下来,才能慢慢变得清澈。谁能让安定得以长久?只有在动态中慢慢孕育生机,才能生生不息、绵延不已。遵循这种规律的人不自满,因为不骄傲、不自满,所以才能既古老又年轻,既守旧又新成,既继承又发展,既守正又创新。

一人一家一国要想明理通达、长治久安,就要做到心神安静,这样才能思想清澈、风清气正;一个国家若想长治久安,就要与时俱进,在变革中,在动态的变化中,慢慢孕育新的生机和活力,从而生生不息、绵延不止。

参考文献

[1] 老子. 道德经 [M].《小墨香书》编委会,编. 长沙:湖南美术出版社,2011.
[2] 陆玉林. 道德经精粹解读 [M]. 北京:中华书局,2001.

第十六章　虚极静笃

原文

致虚极，
守静笃；
万物并作，
吾以观复。
夫物芸芸，
各复归其根。
归根曰静，
静曰复命。
复命曰常，
知常曰明。
不知常，
妄作凶。
知常容，
容乃公，
公乃王，
王乃天，

第十六章 虚极静笃

天乃道，
道乃久，
没身不殆。

译文

心灵虚空到极致，
身心清静到笃定；
万物生长繁荣兴盛，
我观察它们循环往复的规律。
万物纷繁复杂，
循环往复，回到其根本。
回到根本叫静，心灵虚空，心神清静，
静叫作回到生命的本初状态，
回归本性叫遵循事物发展的法则，
知晓事物发展的法则叫明智，
不懂得事物发展的法则，
胡作非为就会身陷凶境。
知道事物运行法则就会开阔包容。
包容一切就会公正无私，
公正无私才能众望所归，
众望所归才能至高无上，
至高无上是天地大道，
遵循天地大道就会长久，
终身没有危险。

解读

  一人一家一国，知常不殆，天长地久。一个人只有心灵虚空到极致，才能清静笃定，心如明镜，观察天地间万事万物，虽然纷繁复杂，却有着循环往复的统一规律。老子用虚、静、复、根、命、常、明、容、公、王、天、道、久、不殆几个字，讲述了事物运行的内在规律，这种规律是万事万物长生久视、长治久安的内在机制。

  心灵虚空到极致，恪守宁静到笃定。万物生长繁荣兴盛，观察它们循环往复的规律，万物纷繁复杂，周而复始，回到其根本。回到根本叫静，静叫作回到生命的本真状态，回归本性是遵循事物的发展规律。知晓事物发展规律叫明智，不懂得这种规律，胡作非为，就会身陷险境；知道事物运行的规律，就会开放包容。包容一切就会公正无私，公正无私才能众望所归，成为拥有最高智慧和最高地位的王，像天一样至高无上。至高无上的存在是统摄天地万物的自然规律，道就是宇宙万物众生运行的规律，遵循大道就会长久，终身没有危险。

  迭代更新、代际优化是万事万物循环往复螺旋式上升的内在机制。事物复归其根、循环往复不是历史的简单循环，是一种螺旋式上升，如动植物在地球生态环境变迁中的进化与繁衍，人类社会在历史发展规律的推动下社会形态的更替和演进。四季轮回、生命更替、动植物进化、社会演进、朝代更迭、家族兴衰、代际传承……万事万物的发展都要从根本开始，归根曰静，静曰复命，复命曰常，知常曰明，知常容，容乃公，公乃王，王乃天，天乃道，道乃久，没身不殆。

参考文献

[1]　老子. 道德经［M］.《小墨香书》编委会，编. 长沙：湖南美术出版社，2011.

[2]　陆玉林. 道德经精粹解读［M］. 北京：中华书局，2001.

第十七章　太上，不知有之

原文

太上，不知有之；
其次，亲之誉之；
其次，畏之；
其次，侮之。
信不足焉，
有不信焉。
悠兮，其贵言。
功成事遂，
百姓皆谓"我自然"。

译文

最高明的管理者，民众感受不到他的存在；
其次的管理者，人民亲近他、赞美他；
再其次的管理者，人民畏惧他；
最差的管理者，人民侮辱他，责骂他。

管理者失信在前，民众不再信任他在后。
智慧的管理者表面看起来很悠闲，从不轻易发言。
事情做成功了，
老百姓都说，我本来就是要这样做的呀。

解读

最高明的管理者是一个启蒙者和教育者。启迪民众、教育民众、引导民众发现、觉悟自己的需求，并付诸行动实现自己的需求，进而获得人生的成功和满足。民众成功了，认为这是自觉自悟、自为自成的结果，却感受不到背后管理者巧妙引导与指挥的力量，这是真正的艺术管理大师出神入化的管理境界，也是至高无上的管理智慧。所以，最好的管理者是顺应民心民意，无为而治。人民从心所欲，自觉自悟自为自成，自然而然，水到渠成，功成事遂。

也许只有深研过《道德经》的人才能明白其中的深意。人民的力量如磅礴的大海，无穷无尽，威力无边。但是，如何调动这大海的力量，需要高超的民心管理艺术，即无为而治与有为启蒙相结合，充分发挥人民的主体性、主动性、积极性、创造性，让人民觉醒起来，真正像一个有主体性的人，像主人翁一样，"天行健，君子以自强不息"，以刚健有为、积极进取的姿态投入自己所追求的事业中，则无事不成、无功不遂、无名不就。

新中国成立前，"打土豪，分田地"成为农民内心强烈的渴望，解放全中国，建设新生活，成为人民幸福生活的强烈动力，革命的成功就成为人民强烈的内在需求。老百姓自愿支援前线，把自己的儿女送上战场。人民的力量形成铺天盖地、移山倒海的力量，最终碾压一切反动力量。陈毅元帅说，"淮海战役的胜利，是人民群众用小推车推出来的"。对人民最深沉的爱和高明的管理艺术相结合，最终激发起了人民的力量，形成人民战争的汪洋大海。战争的胜利是人民的胜利，最大的功劳是人民。革命成功了，老百姓都说，我们本来就是要这样做的呀。

高明的管理者高屋建瓴，启蒙引导民众明晰其需求与梦想，并找到正确的道路实现它，整个过程是一个民众自醒、自觉、自悟、自为、自成、自我实现的过程，仿佛与别人没有关系，完全是自我奋斗的结果。这正是"我无为，而民自化""我无事，而民自富"。

参考文献

[1] 老子. 道德经 [M].《小墨香书》编委会，编. 长沙：湖南美术出版社，2011.

[2] 陆玉林. 道德经精粹解读 [M]. 北京：中华书局，2001.

第十八章　阴阳共生

原文

大道废，
有仁义；
智慧出，
有大伪；
六亲不和，
有孝慈；
国家昏乱，
有忠臣。

译文

大道被废止，
世间才有了仁义道德；
智慧出现，
是因为世间有了大量虚伪虚假的事物；
家庭离心离德，亲人反目，

第十八章　阴阳共生

世间才有了孝顺与慈爱；
国家政治昏暗，社会秩序混乱，
才有忠臣出现，维护国家安全。

解读

人类社会遵循一张一弛、阴阳共生之道。道废与仁义、智慧与大伪、不和与孝慈、昏乱与忠臣，老子用四对相反相成的概念，讲述人类社会对立统一的规律，万物负阴而抱阳，冲气以为和。

对立统一是世间万象共同遵循的法则。大道废止，才有仁义和道德来维持人间正义。智慧出现，是因为世间有了虚假和虚伪的现象，需要一双慧眼和明辨的心灵，来辨清真伪。家庭分裂，离心离德，亲人反目，互相埋怨，才会有孝顺和慈爱的家庭美德出现。国家政治昏暗，社会秩序混乱，才会有忠贞不贰的臣子挺身而出，维护国家安全和社稷稳定。

一正一反、一阴一阳、一福一祸是辩证共生、相互转化的。古人说，正反对比，阴阳共生，福祸相依，美丑相知，有无相生，难易相成，长短相形，高下相倾，音声相和，前后相随，这是世间万事万物存在的大道啊。

参考文献

[1] 老子. 道德经 [M]. 《小墨香书》编委会，编. 长沙：湖南美术出版社，2011.
[2] 陆玉林. 道德经精粹解读 [M]. 北京：中华书局，2001.

第十九章　见素抱朴

原文

绝圣弃智，
民利百倍；
绝仁弃义，
民复孝慈；
绝巧弃利，
盗贼无有。
此三者以为文，
不足，
故令有所属：
见素抱朴，
少私寡欲，
绝学无忧。

译文

摒弃智慧与技巧，

人民就会得到百倍的利益；

摒弃仁爱与正义，

人民就会恢复孝顺与慈爱；

摒弃技巧与私利，

盗贼就会消失。

圣智、仁义、巧利，这三种都是文饰和表面，

治理天下靠这些是不够的，

所以应该使老百姓有所归属，

保持纯真朴实的本性，

减少私心和欲望，

摒弃学问，也就没有了忧患。

解读

老子用圣智、仁义、巧利、民利、孝慈、盗贼等几组概念讲述了人类社会运行中相反相成的几种现象。

摒弃了智慧与技巧，人民就会获得百倍的利益；摒弃了仁爱与正义，人民就会恢复孝顺和慈爱的本性；摒弃了技巧和私利，天下就没有了盗贼。圣智、仁义和巧利是社会治理的末端和表层。最根本的还是道法自然，无为而治，遵循人民的本性，令人民有所归属，这才是治理的根本。所以，让人民保持纯真朴实的本性，减少私心和欲望，淡泊名利，摒弃学问，也就没有了忧愁和祸患。

参考文献

[1] 老子. 道德经 [M]. 《小墨香书》编委会，编. 长沙：湖南美术出版社，2011.

[2] 陆玉林. 道德经精粹解读 [M]. 北京：中华书局，2001.

第二十章　得道之人

原文

唯之与阿，
相去几何？
善之与恶，
相去何若？
人之所畏，
不可不畏。
荒兮，其未央哉！
众人熙熙，
如享太牢，
如春登台。
我独泊兮，其未兆；
如婴儿之未孩；
儽儽兮，若无所归。
众人皆有余，
而我独若遗。
我愚人之心也哉！

第二十章　得道之人

沌沌兮！
俗人昭昭，我独昏昏。
俗人察察，我独闷闷。
澹兮，其若海；
飂兮，若无止。
众人皆有以，
而我独顽似鄙。
我独异于人，
而贵食母。

译文

恭敬的答应与生气的呵斥，
相距有多远呢？
善良与丑恶，
相距有多远呢？
世人所畏惧的，
我不能不畏惧。
经历了漫长的时间还没有结束！
众人兴高采烈的样子，
如同享用祭祀的猪牛羊肉，
如同春天登上高高的亭台，
只有我淡泊名利，没有一丝欲望；
像婴儿还不会笑时的模样；
疲劳困顿的样子，仿佛不知道去往何方。
众人好像都多的有富余，
只有我仿佛什么都失去了。
我仿佛愚笨的浅陋之人！

混混沌沌！
别人都清清楚楚，
我却昏昏沉沉。
别人都明察秋毫，
我却糊里糊涂。
恬静安然的样子，仿佛辽阔的大海；
到处漂泊，仿佛永不停止。
众人都有所作为，
而我却顽固鄙薄。
只有我与众不同，
重视"道"这个万物本源。

解读

老子用唯与阿、善与恶、熙熙与泊兮、有余与若遗、昭昭与昏昏、察察与闷闷、澹兮与飂兮、有以与顽鄙等几组概念，对比了俗人、众人与我的不同表现，讲述了得道之人的外在特征。

得道之人大智若愚、大音希声、大象无形。表面看起来混混沌沌、淡泊名利、清心寡欲、与世无争，如鸿蒙初开，如不系之舟，仿佛神灵遗落世间的孤儿，一无所有、一无所求，安静的样子像辽阔深邃的大海，漂泊的样子像风永不停止。

参考文献

[1] 老子. 道德经 [M]. 《小墨香书》编委会，编. 长沙：湖南美术出版社，2011.
[2] 陆玉林. 道德经精粹解读 [M]. 北京：中华书局，2001.

第二十一章　孔德之容

原文

孔德之容，
惟道是从。
道之为物，
惟恍惟惚。
惚兮恍兮，
其中有象；
恍兮惚兮，
其中有物；
窈兮冥兮，
其中有精；
其精甚真，
其中有信。
自古及今，
其名不去，
以阅众甫。
吾何以知众甫之状哉？
以此。

> 译文

大德的样子,
只在于遵循世间的规律即道。
道化生天地万物,
恍恍惚惚。
在恍恍惚惚的不确定性之中,
有了确定的形态;
在恍恍惚惚的不确定性之中,
有了确定的物质实体;
宁静幽深的样子,
有一股精神气;
这股精神气非常的真实,
其中蕴藏着很多信息。
从古到今,
其特征从来没有改变,
阅遍人间众多领域的王者。
我是怎么知道各领域之王的特征的呢?
就是通过观察其德其精其相其物而得知的。

> 解读

　　有崇高道德境界的人,只遵循天地大道,道化生天地万物,从无形无相无情化为有形有相有情的万物众生。得道者亦如大道,从混混沌沌、恍恍惚惚的大道,转化为确定性的形态、确定性的物质实体。万象归一,万法归宗,异曲同工。得道者无论在任何领域是任何身份,都有一个共同的特征,即幽邃深静,有一股精神气。这股精神的气场和光芒非常真实,蕴藏着许多深刻的信息，这是老子阅遍众多领域的王者得出的结论。

参考文献

［1］老子．道德经［M］．《小墨香书》编委会，编．长沙：湖南美术出版社，2011．

［2］陆玉林．道德经精粹解读［M］．北京：中华书局，2001．

第二十二章 曲则全

原文

曲则全,
枉则直,
洼则盈,
敝则新,
少则得,
多则惑。
是以圣人抱一为天下式。
不自见,故明;
不自是,故彰;
不自伐,故有功;
不自矜,故长。
夫唯不争,
故天下莫能与之争。
古之所谓"曲则全"者,
岂虚言哉?
诚全而归之。

第二十二章　曲则全

译文

委婉曲折才能自我保全，
弯曲才能伸直，
低洼才能盈满，
破旧才能推陈出新，
学得少反而收获多，
学得多反而困惑大。
因而圣人执一守道为天下的模式。
不自我标榜，所以明智；
不自以为是，所以彰显；
不自我夸耀，所以有功劳；
不骄傲自满，所以成为领导者。
正因为不争名夺利，
所以天下没有人能与之相争。
古人所谓的委屈求全者，怎么会是空话呢？
的确是能够自我保全，所以人们才信服这句话。

解读

天地间很多事物是相反相成、辩证统一、相互转化的。老子用曲与全、枉与直、洼与盈、敝与新、少与得、多与惑、不见与明、不是与彰、不伐与功、不矜与长、不争与无争几组概念，描述了世间越谦虚越进步、越骄傲越落后的现象。所以，古往今来成大事的人，一般都懂得隐忍、低调、弯曲、妥协、退让、谦虚、不争，如此才能"地低成海，人低成王"，成就一番事业。"曲则全，枉则直"，只有弯得下腰，低得下头，才能得以保全，得以伸直。"洼则盈，敝则新"，物极必反，只有低洼凹陷处才能注满充盈，只有破旧衰败时才会推陈出新。"少则得，多则惑"，学得越少，收获越多，体悟越深刻；学得越多，困惑越大，体悟越浅薄。"不自见，故明；不自是，故彰；不自伐，故有功；不自矜，故长"，一个人越不自我夸耀、不自以为是、不自我标榜、不自我骄傲，反而越是明智、突出、有功劳、有领导风范。这就是所谓的不争者，天下没有人能与之相争。古人所说的低调弯曲，得以自我保全，的确如此，所以人们才会如此信服这一真理。

参考文献

[1] 老子. 道德经 [M]. 《小墨香书》编委会，编. 长沙：湖南美术出版社，2011.

[2] 陆玉林. 道德经精粹解读 [M]. 北京：中华书局，2001.

第二十三章　希言自然

原文

希言自然。
飘风不终朝，
骤雨不终日。
孰为此者？
天地。
天地尚不能久，
而况于人乎？
故从事于道者，
同于道；
德者，同于德；
失者，同于失。
同于道者，
道亦乐得之；
同于德者，
德亦乐得之；
同于失者，

失亦乐得之。

信不足焉，

有不信焉。

译文

少说话，顺其自然。

狂风不会刮整个早晨，

暴雨不会下一整天。

谁导致的这种状况呢？

是天地。

天地中的风雨尚且不能持久，

更何况人呢？

所以，遵循大道的人与大道相同相通共行；

修养德行的人，与德相同相通共行；

失德失道的人，言行与失德失道相同相通共行。

与道相同相通共行的人，大道也乐于助他；

与德相同相通共行的人，德行也乐于助他；

与失道失德相同相通共行的人，失德失道也乐意跟随他。

诚信不足的人，就会有人不相信他。

解读

修行之道，所言即所是，所行即所是，所为即所是。一个人遵循什么，信奉什么，实践什么，他就是什么。要成为一个道德修行高深的人，就需要遵循大道。修养德行，大道和德行也会喜欢他，亲近他，帮助他，进而人与道、人与德相互融通，合二为一，实现人道合一、人德合一。

与道与德相同相通共行的人，与道与德共行并举，相伴而行，就会成为道，成为德，成为道与德的化身与代言人，一言一行都渗透着道与德的模样、精髓和气息。所以老子说，"道者，同于道；德者，同于德；失者，同于失"。

参考文献

[1] 老子. 道德经［M］.《小墨香书》编委会，编. 长沙：湖南美术出版社，2011.

[2] 陆玉林. 道德经精粹解读［M］. 北京：中华书局，2001.

第二十四章　企者不立

原文

企者不立，
跨者不行；
自见者不明，
自是者不彰；
自伐者无功，
自矜者不长。
其在道也，
曰余食赘行。
物或恶之，
故有道者不处。

译文

踮着脚尖的人站立不稳，
跳跃着走路的人走不远；
自我表现的人不明智，

自以为是的人不会名闻天下；
自我夸耀的人不会有功劳，
骄傲自满的人不会居于高位。
这些言行对于道，
就像剩饭剩菜和多余的行为一样。
这些都是令人讨厌的，
得道之人是不会这么做的。

解读

得道者虚怀若谷。持中守正、虚怀若谷、上善若水，是得道之人的普遍特征。企者、跨者、自见者、自是者、自伐者、自矜者，都是背离道的表现，言行和愿望南辕北辙、适得其反。

古人讲，视听言动皆有规矩。站有站相，坐有坐相，站如松，坐如钟，行如风，卧如弓，"企者不立，跨者不行"，踮着脚尖的人站立不稳，跳跃着走路的人走不远。

做人要脚踏实地，不可急功近利，德不配位，必有灾殃。"自见者不明，自是者不彰；自伐者无功，自矜者不长"，自我表现的人不明智，自以为是的人不会名闻天下，自我夸耀的人不会有功劳，骄傲自满的人不会居于高位。得道之人不企、不跨、不自见、不自是、不自伐、不自矜。

参考文献

[1] 老子. 道德经 [M].《小墨香书》编委会，编. 长沙：湖南美术出版社，2011.
[2] 陆玉林. 道德经精粹解读 [M]. 北京：中华书局，2001.

第二十五章　道法自然

原文

有物混成，
先天地生。
寂兮寥兮，
独立而不改，
周行而不殆，
可以为天下母。
吾不知其名，
字之曰：道，
强为之名曰：大。
大曰逝，逝曰远，远曰反。
故道大，天大，地大，王亦大。
域中有四大，
而王居其一焉。
人法地，
地法天，
天法道，
道法自然。

第二十五章　道法自然

译文

有物质浑然天成，混沌一体，
先于天地产生之前而生成。
寂静辽阔，无边无际，
卓然独立而不改变，
周而复始，循环不断，
可以作为天下万事万物之本源。
我不知道它的名字是什么，
就称之为道，
勉强描述它的特征叫大，
大就是流逝，
流逝就是遥远，
遥远就会返还。
所以道大，天大，地大，君王也大。
宇宙之间有四大，
而人居其中之一。
人效法大地，
大地效法天空，
天空效法大道，
大道效法自然。

解读

天地大道，卓然独立，周行不殆，道法自然。道的样子，先天地之前而生，混混沌沌，无边无际，无穷无尽。不倚不靠，独立而不改，周而复始，循环不断，可以作为天下万事万物之根源。

道的特征,可以描述为大、逝、远、反。"大"是一种无边无际、无穷无尽,统摄一切的整体性、系统性和总体性;"逝"是一种川流不息的运动性和流动性;"远"是一种"天之涯、地之角"、穷尽一切的空间辽阔性;"反"是事物周而复始、循环不断的周期性。

所以天地之间有四大,道大,天大,地大,王大,这四大之间有层次高低之分,人法地,地法天,天法道,道法自然。

参考文献

[1] 老子. 道德经 [M].《小墨香书》编委会, 编. 长沙:湖南美术出版社, 2011.
[2] 陆玉林. 道德经精粹解读 [M]. 北京:中华书局, 2001.

第二十六章　重为轻根

> **原文**

重为轻根，
静为躁君。
是以圣人终日行
不离辎重，
虽有荣观，
燕处超然。
奈何万乘之主，
而以身轻天下？
轻则失根，
躁则失君。

> **译文**

厚重为轻率的根基，
清静为躁动的主宰。
因此，圣人整天行走，

不离开粮草和兵械。
虽然出入繁荣奢华之地,
却于闲居之处超然物外。
为什么拥有千军万马的君主,
却以轻率的方式处理天下大事呢?
轻率就会失去臣子,
躁动就会失去君主的权力。

解读

  重与轻、动与静、日行与辎重、荣观与燕处,这几对关系描述了修身齐家治国平天下的道理。厚重是轻率的根本,清静是躁动的根本,所以重可以驭轻,静可以制动。圣人虽然整日出行,却不离开粮草和兵械;圣人虽然出入繁荣奢华之地,却于闲居之所超然物外、淡泊名利。为什么拥有千军万马的君主却轻率地治理天下呢?轻率就会失去臣子,躁动就会失去君主的权力。

参考文献

[1] 老子. 道德经 [M].《小墨香书》编委会, 编. 长沙:湖南美术出版社, 2011.
[2] 陆玉林. 道德经精粹解读 [M]. 北京:中华书局, 2001.

第二十七章　善行无辙

原文

善行，无辙迹；

善言，无瑕谪；

善计，不用筹策；

善闭，无关楗而不可开；

善结，无绳约而不可解。

是以圣人常善救人，故无弃人；

常善救物，故无弃物。

是谓袭明。

故善人者，不善人之师；

不善人者，善人之资。

不贵其师，不爱其资，

虽智，大迷。

是谓要妙。

译文

善于行动的人,在走过的路上不会留下痕迹;

善于言谈的人,言语中不会有过失和瑕疵;

善于谋略的人,不用计算的器具;

善于关闭的人,不用门闩,别人也打不开;

善于打结的人,不用绳索,别人也解不开。

因此,圣人常常善于救人,所以世上没有可遗弃的人;

圣人常善于救物,所以世上没有可遗弃之物,这就是隐藏的智慧。

所以,善于做事的人,是不善于做事之人的老师;

不善于做事的人,是善于做事之人的借鉴。

不重视他的老师,不爱惜他的借鉴,

虽然聪明,也会陷入困惑,

这就是所谓的奥秘。

解读

"言、行、计、闭、结、救"描述了圣人为人处世的高明之处,这是世人终身修行力求达到的境界,也是需要向圣人学习的方面。

善于行动的人,不留痕迹;善于言谈的人,滴水不漏;善于计谋的人,不用器具;善于关闭的人,不用门闩;善于打结的人,不用绳索;善于救人的人,眼中没有废人;善于救物的人,眼中没有废物。所以圣人眼中无废弃之物,无无用之人。万物皆有可用之处,人人皆有可用之才。所以,善于为人处世的人是不善者的老师,不善于为人处世的人是善者的借鉴。要从善如流,引以为鉴,从而达到物尽其用、人尽其才的境界。这是圣人处世的奥秘。

圣人眼中万物平等。圣人眼中万物众生皆有可用之处,所以尊重、爱惜并平等以视之。圣人常善救人，故无弃人；常善救物，故无弃物。善者，不善人之师；不善者，善人之资。只有把"善"与"不善"两者结合，才能明晰世间万事万物运作的规律和奥秘。正所谓相反相成、阴阳辩证统一。所以正面榜样和反面借鉴相互结合，才能看清社会运行的真相和规律。如果只看到一点一面，而看不到两点两面，即使聪明人也会陷入困惑。

圣人眼中众生平等。故《道德经》第五章说，"天地不仁，以万物为刍狗，圣人不仁，以百姓为刍狗"，第四十九章说"圣人无常心，以百姓心为心"，是相似的道理。

参考文献

[1] 老子. 道德经[M].《小墨香书》编委会，编. 长沙：湖南美术出版社，2011.

[2] 陆玉林. 道德经精粹解读[M]. 北京：中华书局，2001.

第二十八章　知雄守雌

原文

知其雄,
守其雌,
为天下豀。
为天下豀,
常德不离,
复归于婴儿。
知其白,
守其黑,
为天下式。
为天下式,
常德不忒,
复归于无极。
知其荣,
守其辱,
为天下谷。
为天下谷,

常德乃足,
复归于朴。
朴散则为器,
圣人用之,则为官长。
故大制不割。

译文

知道刚强,
却恪守柔软,
成为天下山涧的溪流。
成为天下山涧溪流,
保持稳定而持久的道德,不背离,
回归婴儿般天真无邪。
知道自己内心光明,
却恪守难得糊涂,
成为天下人的模范。
成为天下人的模范,
保持恒久的道德,不出差错,
回归到大道原初的模样。
知道自己的荣耀,
却恪守谦卑低微,
成为天下的深谷。
成为天下的深谷,
恒久的道德就会圆满充足,
回归到纯真朴实的混沌状态。
整体朴实的世界分裂开来,成为具体的器物,
圣人用它们成为领导者。

所以，高明的政治是不可分割的有机整体。

解读

整体性是事物存在的本质属性。雄与雌、黑与白、荣与辱，代表事物存在的两点两面。事物的整体性体现为阴阳两点两面的辩证统一，阴阳辩证统一是事物存在的形态、本相和常态。阴阳两点相反相成辩证统一，是事物完整性、整体性存在的全貌。

雄与雌、黑与白、荣与辱的辩证统一，构成了世界万事万物存在的全貌。只有同时看到这两点和两面，对事物的认识才是完整的、全面的、科学的。圣人或得道之人要充分认识事物存在发展的两点两面，在行动上也要恪守这两点两面的辩证统一：知雄守雌，知白守黑，知荣守辱，从而使自己成为天下的山涧溪流、深谷和模范。圣人对于道的知行合一，体现为时间的恒久性，常德不离，常德不忒，常德乃足。

事物的整体性被割裂开来，就会成为局部和具体的器物。圣人用这些具体的器物成为领导者。所以高明的管理者首抓整体性、全局性和系统性问题。

参考文献

[1] 老子. 道德经 [M].《小墨香书》编委会，编. 长沙：湖南美术出版社，2011.

[2] 陆玉林. 道德经精粹解读 [M]. 北京：中华书局，2001.

第二十九章　无为无执

原文

将欲取天下而为之,
吾见其不得已。
天下神器,
不可为也,
不可执也。
为者败之,
执者失之。
物或行或随,
或觑或吹,
或强或羸,
或载或隳。
是以圣人去甚,
去奢,
去泰。

译文

想要夺取天下强行治理它，
我看这是不可能达成目标的。
天下是神圣的器物，
不可以强行去治理，
不可以固执地勉力为之。
勉强去做会遭遇失败，
执意去做会失去人心。
所以事物或前行，或尾随，
或呵气或猛吹，
或强壮或瘦弱，
或安全或危险。
因此圣人去除过分，
去除奢侈，
去除极端。

解读

天下是神物，不可强力夺取，执意妄为，只能顺其自然，无为而治，方可长治久安。"为者败之，执者失之"，因此，圣人不妄为，所以不会失败；不把持，所以不会被抛弃。阐释了治理天下的几对关系：为与无为，执与无执，得与失，成与败。

事物存在多面性、多层次性和多样性。"或行或随，或歔或吹，或强或羸，或载或隳"，这是事物存在的两个相反的状态，即前与后、嘘与吹、强与弱、安与危。这两个相反的状态相互比照、相互转化，构成事物存在与发展全过程的两个标志性节点或界碑。

圣人做事，去除极端，取其中庸之道，故去甚，去奢，去泰。

参考文献

［1］老子．道德经［M］．《小墨香书》编委会，编．长沙：湖南美术出版社，2011．

［2］陆玉林．道德经精粹解读［M］．北京：中华书局，2001．

［3］老子．道德经［M］．张景，张松辉，译注．北京：中华书局，2024．

第三十章　慎兵慎战

原文

以道佐人主者,
不以兵强天下,
其事好还。
师之所处,
荆棘生焉;
大军之后,
必有凶年。
善者,果而已,
不敢以取强。
果而勿矜,
果而勿伐,
果而勿骄,
果而不得已,
果而勿强。
物壮则老,
是谓不道,
不道早已。

第三十章　慎兵慎战

译文

用道辅佐君主的人不用武力称霸天下，
用武力称霸容易遭受报应。
大军驻扎之处会长出荆棘，
战争过后必有灾荒之年。
善于用兵的人取得胜利结果就适可而止，
不敢以武力称霸逞强。
胜利后不要自恃功高，
胜利后不要自夸荣耀，
胜利后不要骄傲自满，
用武力取胜是不得已而为之，
胜利后不要称霸逞强。
事物盛极必衰，
胜敌后继续逞强是违反天道的行为，
违反天道的行为是会加速灭亡的。

解读

治国慎兵慎战。治理国家要用道而不能用武力。战争是不祥之物，大军驻扎之处荆棘丛生，战争过后必有灾荒之年。万不得已发生战争，调动军队，只要取得胜利战果就要适可而止，绝不能用武力称霸逞强。

善于用兵的人，以取得预定战果为目的，达成目的就适可而止，胜利了不自恃、不自夸、不自傲。用军事武力的方式取胜是不得已而为之，取得结果就停止使用武力，不逞强不称霸，否则就会物壮则老、盛极而衰、违背大道。悖离大道是会加速自身灭亡的。

参考文献

[1] 老子. 道德经 [M]. 《小墨香书》编委会, 编. 长沙: 湖南美术出版社, 2011.

[2] 陆玉林. 道德经精粹解读 [M]. 北京: 中华书局, 2001.

第三十一章　兵者不祥

原文

夫兵者，不祥之器，
物或恶之，
故有道者不处。
君子居则贵左，
用兵则贵右。
兵者不祥之器，
非君子之器，
不得已而用之，
恬淡为上。
胜而不美，
而美之者，
是乐杀人。
夫乐杀人者，
则不可以得志于天下矣。
吉事尚左，
凶事尚右；

偏将军居左,

上将军居右。

言以丧礼处之。

杀人之众,

以悲哀泣之,

战胜以丧礼处之。

译文

兵械战争是不吉祥的器物,

人人都厌恶它,

所以有道的人不使用它。

君子居处以左为贵,

指挥战争则以右为贵。

兵械战争是不祥的事物,

不是君子该用的东西,

不得已而使用它,

内心淡泊宁静为上。

即使战争取胜,也不以为喜,

以战胜为喜悦的人是喜欢杀生的人。

而喜欢杀生的人,

是不可能得到天下人的拥护和爱戴的。

祥和的事物以左为贵,

凶暴的事物以右为贵;

所以偏将军站在左边,

上将军站在右边。

这是以丧礼的仪式行事。

如果杀人太多,

就要悲伤哀戚；

获胜了，也要以丧礼仪式以纪念。

解读

兵器与战争是不祥之物。人人都厌恶战争，热爱和平。所以《孙子兵法》上说，"上兵伐谋，其次伐交，其次伐兵，其下攻城"，有道者轻易不使用尖兵利器。君子居处以左为贵，指挥战争则以右为贵。

"兵者不祥之器"，兵器与战争是不祥之物，不是君子该使用的东西。君子迫不得已使用它们，内心以淡泊宁静为上，即使战胜也不以为喜。如果杀人太多，就要悲伤哀泣。战争获胜了，也要以丧礼仪式来纪念。以战胜为荣耀的人是喜欢杀生的人，一个喜欢杀生的人是不可能获得天下人的拥护和爱戴的。

"吉事尚左，凶事尚右"，吉祥的事以左为贵，凶暴的事以右为贵。在军事礼仪中，偏将军居左，上将军居右，这是以丧礼的仪式以行事。战争毕竟是人类社会内部的自相残杀。一个人心怀天下、悲悯众生，必然厌恶战争。

参考文献

[1] 老子. 道德经［M］.《小墨香书》编委会，编. 长沙：湖南美术出版社，2011.

[2] 陆玉林. 道德经精粹解读［M］. 北京：中华书局，2001.

第三十二章　道常无名

> **原文**

道常无名,朴。
虽小,天下莫能臣。
侯王若能守之,
万物将自宾。
天地相合以降甘露,
人莫之令而自均。
始制有名,
名亦既有,
夫亦将知止。
知止可以不殆。
譬道之在天下,
犹川谷之于江海。

> **译文**

道通常没有名字,是朴素自然的。

道虽然微小，但天下没有任何东西能使它臣服。

诸侯国王如果能够遵守道，

天下万物众生都将自动服从他。

天地相交，阴阳之气相合，降雨露，

没有人发号施令，自动遍洒大地。

道生万物，开始有了各种具体事物的名称，

有了名称，

也就知道了该事物的范围和边界。

知道了范围和边界，就不会有危险。

道在天下，

如同百川归海。

解读

道的特征是无名、朴、小。道的威力奇大，虽小，却是天下万事万物的主宰，没有任何东西能够使它臣服。诸侯国王如果遵守服从道，世间万物，都将自动归服于他。天地相交、阴阳之气相合，洒降雨露。没有人发号施令，自动地遍洒大地。道化生万物，万物繁荣兴盛，开始有了各种具体名称。名称有了，也就可以界定该事物的范围和边界，知道了范围和边界，懂得适可而止，就不会有危险。道在于天下，犹如百川归海。

参考文献

[1] 老子. 道德经 [M]. 《小墨香书》编委会，编. 长沙：湖南美术出版社，2011.

[2] 陆玉林. 道德经精粹解读 [M]. 北京：中华书局，2001.

第三十三章　自知者明

原文

知人者智，
自知者明。
胜人者有力，
自胜者强。
知足者富，
强行者有志。
不失其所者久，
死而不亡者寿。

译文

了解他人是聪明，
了解自己是明智。
战胜别人是有力，
战胜自己是强大。
知道满足是富有，

坚持不懈是有志气。

不失掉根本的人才能恒久，

死后名声流传的人是长生。

解读

修身的至境：智、明、有力、强、富、有志、久、长寿，这几个字涵盖了一个人为人处世、安身立命的关键要素，即知人、自知、胜人、自胜、知足、强行、不失其所、死而不亡。认识了解他人是聪明，认识了解自己是明智，战胜别人是有力量，战胜自己是真正的强大，懂得适可而止、知足常乐、淡泊宁静的人是富有；面对困境与挑战，坚持不懈、持之以恒的人有志气；不失掉根本的人，其事业才能恒久；死后其名声不消亡的人，是真正的长寿和不朽。

参考文献

[1] 老子. 道德经 [M].《小墨香书》编委会, 编. 长沙：湖南美术出版社, 2011.

[2] 陆玉林. 道德经精粹解读 [M]. 北京：中华书局, 2001.

第三十四章　大道氾兮

原文

大道氾兮,
其可左右。
万物恃之以生而不辞,
功成而不有。
衣养万物而不为主,
常无欲,
可名于小;
万物归焉而不为主,
可名为大。
是以圣人终不为大,
故能成其大。

译文

大道广阔无边,包容一切,
可以涵盖左右对立的两点、两面、两极。

第三十四章 大道氾兮

万物依赖它生长却不推辞,
大功告成却不占为己有。
养育天下万物却不做主宰,
无欲无求,淡泊宁静,
可称之渺小;
万物归服,受其引导,却不做主宰,
可称之伟大。
因为圣人归根结底不自以为强大,
所以最终能够成为伟大的样子。

解读

大道广泛包容,海纳百川,无边无际。"其可左右""万物恃之""衣养万物""万物归焉",说明道的作用重要,不可或缺,不可替代。

大道覆盖一切却虚怀若谷。"万物恃之以生而不辞""功成而不有""衣养万物而不为主""万物归焉而不为主",道广阔无边,养育天下万物众生,作用虽然重要,却无为而治,顺其自然,不推卸责任,不占为己有,不主宰万物,不自伐其功,不急功近利。道默默无闻,看起来是如此渺小,似乎微不足道,却生养天下万事万物,不言不有不主不欲,所以道是伟大的。

参考文献

[1] 老子. 道德经 [M].《小墨香书》编委会,编. 长沙:湖南美术出版社,2011.
[2] 陆玉林. 道德经精粹解读 [M]. 北京:中华书局,2001.

第三十五章　执大象

原文

执大象，
天下往。
往而不害，
安平太。
乐与饵，
过客止，
道之出口，
淡乎其无味。
视之不足见，
听之不足闻，
用之不可既。

译文

遵守大道，
四海归心，天下归服。

天下人来了也不害他，
国泰民安，平安喜乐。
音乐与美食，使路过的客人流连忘返、乐不思蜀，
道不可言说，
平淡无味，
看了却看不到，
听了却听不见，
用了却用不完。

解读

道统摄天下万事万物的运行，修身、齐家、治国、平天下皆离不开道。一个国家如果能遵守道所蕴含的规律，就会天下归服，四海归心，天下人聚集到他的身边，也不会害他，社会一片国泰民安、喜悦祥和的景象。

音乐与美食是感官享受，道是一种理性滋养。音乐与美食让路过的客人流连忘返、乐不思蜀。大道无形无相无穷无尽，"淡乎其无味，视之不足见，听之不足闻，用之不可既"，道无味无形无声无尽，道虽然看不见、摸不着、听不见，其功用却无穷无尽，永不枯竭，这就是大道生育天地、运行日月、长养万物的重要体现。

参考文献

[1] 老子. 道德经［M］.《小墨香书》编委会，编. 长沙：湖南美术出版社，2011.

[2] 陆玉林. 道德经精粹解读［M］. 北京：中华书局，2001.

第三十六章　阴阳转化

原文

将欲歙之,
必固张之；
将欲弱之,
必固强之；
将欲废之,
必固兴之；
将欲取之,
必固与之。
是谓微明,
柔弱胜刚强。
鱼不可脱于渊,
国之利器不可以示人。

译文

将要收缩,

第三十六章　阴阳转化

必须先扩张；
想要削弱，
必须先使之强大；
想要废除它，
必须先使之兴盛；
想要夺取它，
必须先给予它；
这是微妙的明智，
柔弱胜过刚强。
鱼儿不能离开深水，
国家的杀手锏不可以向外展示。

解读

一个人、一个组织、一个国家的发展过程中，经常有这样的现象：乐极生悲、盛极而衰、生于忧患、死于安乐、福祸相依。中国古人有一句话"天欲其亡，必令其狂"，西方古人也有句话"神欲使之灭亡，必先使之疯狂"，讲的是相似的道理，事物是阴阳两面对立统一并相互转化的。掌握并运用好事物发展对立统一又相互转化的特点，就可以明修栈道、暗度陈仓。

事物发展遵循阴阳两面对立统一并相互转化的规律。歙与张、弱与强、废与兴、夺与予，是事物发展相互对立又相互转化的四种状态。"将欲歙之，必固张之；将欲弱之，必固强之；将欲废之，必固兴之；将欲夺之，必固与之"，这是对事物发展规律微妙精微的明察与明达。遵循事物对立统一又相互转化的发展规律，柔弱胜过刚强，鱼儿不可以离开深水，国家的杀手锏不可以向外展示。

参考文献

[1] 老子. 道德经 [M].《小墨香书》编委会，编. 长沙：湖南美术出版社，2011.

[2] 陆玉林. 道德经精粹解读 [M]. 北京：中华书局，2001.

第三十七章　道无为而无不为

原文

道常无为而无不为。
侯王若能守之，
万物将自化。
化而欲作，
吾将镇之以无名之朴。
镇之以无名之朴，
夫将不欲。
不欲以静，
天下将自正。

译文

道通常是顺其自然，表面上无所作为，但天下万事万物莫不受其支配。
诸侯王公若能够遵守大道，
天下万事万物将自动归服。
万物驯服，想要有所作为，滋生贪欲，

我将用道的朴素本真来驾驭它们。

用道的朴素本真来驾驭万物，万物将会消除欲望与贪念。

没有了欲望与贪念，就会归于清静，

天下将会自动回归中正安定。

解读

所谓欲望，就是超乎本能、违反天性或逾越自身命运规律之外的奢求与贪念。比如，一棵树想要奔跑，一只虫子想要开花，一条鱼儿想要翱翔天空……这些都是贪念。一粒种子春天想要发芽，不是欲望，而是顺乎本能，顺其自然。每个人要找到自己的本性和命运的规律，顺其自然，顺势而为就是最好。每个人来到这个世界上都是有使命的，完成自己的使命和任务叫责任，强求人生使命和任务之外的目标叫欲望和贪念。

国家治理遵循天地大道，则万物自化，天下中正安定。之所以如此，是因为"道常无为而无不为"，道是天地之间万事万物运行的内在法则和根本规律。道发挥作用的方式是顺其自然，表面上看，似乎什么也没有做，但实际上万事万物的发展都受其支配。万事万物只要遵循自身发展规律，就会天下安定、国泰民安；万事万物逾越自身发展规律，跨越边界，心生妄念，滋生非分之求，即是贪欲。

参考文献

[1] 老子. 道德经 [M].《小墨香书》编委会，编. 长沙：湖南美术出版社，2011.

[2] 陆玉林. 道德经精粹解读 [M]. 北京：中华书局，2001.

第三十八章　上德无为

原文

上德不德，
是以有德；
下德不失德，
是以无德。
上德无为而无以为；
下德为之而有以为。
上仁为之而无以为；
上义为之而有以为。
上礼为之而莫之应，
则攘臂而扔之。
故失道而后德，
失德而后仁，
失仁而后义，
失义而后礼。
夫礼者，
忠信之薄而乱之首；

前识者，
道之华，而愚之始也。
是以大丈夫，
处其厚，
不居其薄；
处其实，
不居其华。
故去彼取此。

译文

最高境界的道德，不刻意追求道德的形式，
所以有德行。
德行不高的人，总想着言行不违反道德规则，
因此没有很高的德行。
最高境界的道德，顺其自然，不刻意作为，不论做什么都符合道德。
德行不高的人，刻意作为，有意为之，就要寻找各种借口。
最高境界的仁爱做事，顺其自然，顺乎本性，不需要理由；
最高境界的正义做事，需要寻找理由和借口，有意为之。
最高境界的礼仪做事，却没有人愿意回应，需要伸出胳膊推拉别人，强迫其服从。
所以，人们不遵守大道，才会强调德行的重要；
失去德行后，才会强调仁爱；
失去仁爱后，才会强调正义；
失去正义后，才会强调礼仪。
所以礼仪的产生，
是忠厚诚信等品质不足的开始，
也是社会混乱的开始。

第三十八章　上德无为

超越时代的预言或观点，
是大道的浮光，
也是愚昧的开始。
因此，顶天立地的大丈夫，
选择厚重，舍弃浅薄；选择本源真实，忽略浮华表象；
抓住根本，忽略表象。

解读

道德是多层次的，道、德、仁、义、礼。德分为上德和下德，仁、义、礼属于下德。仁、义、礼自身又分为上仁、上义、上礼和下仁、下义、下礼。

最高境界的道德是天生如此。最高境界的道德顺其自然，出乎本能，顺乎天性，不刻意而为，所作所为无不符合德性。最高境界的道德因为自然而然、水到渠成，所以有德性。低层次道德的所作所为，因为有意为之，谨言慎行，唯恐失去德性，损坏名声，所以不是高层次的道德。低层次的道德，因为有意为之，就需要各种借口和理由，这种德行就显得刻意而非浑然天成。

仁、义、礼是下德。失去天生的道德后才有仁爱，失去仁爱后才有道义，失去道义后才讲究礼仪法度。最高境界的道义也需要有理有据、师出有名。最高境界的礼仪对人也是一种外在的强制力量，没有人愿意接受外来的强制约束，所以才有"上礼为之而莫之应，则攘臂而扔之"。因此，礼仪是人世间忠厚诚信缺乏不足的产物，正因为人与人之间交往缺乏忠厚诚信，才需要建立规则法度来约束人们的道德言行，维持社会秩序，保证社会关系的和谐，以实现社会安定。

真正高明的大人物，"处其厚，不居其薄；处其实，不居其华"。大丈夫顶天立地，浩然正气，为人处世遵循道本身而不是道的表象和外在形式。因此，大丈夫言行厚重而不浅薄，真实而不浮华。

参考文献

［1］老子. 道德经［M］.《小墨香书》编委会，编. 长沙：湖南美术出版社，2011.

［2］陆玉林. 道德经精粹解读［M］. 北京：中华书局，2001.

［3］老子. 道德经［M］. 张景，张松辉，译注. 北京：中华书局，2024.

第三十九章　得一守道

原文

昔之得一者：

天得一以清；

地得一以宁；

神得一以灵；

谷得一以盈；

万物得一以生；

侯王得一以为天下正。

其致之也，

天无以清，将恐裂；

地无以宁，将恐废；

神无以灵，将恐歇；

谷无以盈，将恐竭；

万物无以生，将恐灭；

侯王无以高贵，将恐蹶。

故贵必以贱为本，高必以下为基。

是以侯王自谓孤、寡、不穀。

此非以贱为本耶？非乎？
故至誉无誉，
是故不欲琭琭如玉，珞珞如石。

译文

之前那些得道的万物，
天遵循宇宙规律则清明，
地遵循宇宙规律则安宁，
诸神遵循宇宙规律则灵验，
山谷遵循宇宙规律则盈满，
万物遵循宇宙规律，则生机勃勃；
诸侯君王遵循宇宙规律，则天下安定。
推而言之，天如果不能清明，恐怕将要裂开；
大地如果不能安宁，恐怕将要塌陷；
诸神如果不灵验，恐怕就要消失了；
河谷如果不盈满，恐怕就要枯竭了；
万物如果不能生长，恐怕快要灭绝了；
诸侯君王如果不能尊贵和高瞻远瞩，恐怕将要亡国了。
所以尊贵是以卑贱为根本，高是以下为基础，
因此诸侯君王常自谦说孤、寡、不穀。
这不就是高贵以卑贱为根本吗？不是吗？
所以最高的荣誉无须赞誉，
因此，真正的美好不需要像美玉一样华丽光泽，像石头一样朴实坚固就好了。

第三十九章 得一守道

解读

宇宙间万事万物的运行都遵循各自的规律即道，道即一。阴阳转化构成事物发展的整体面貌和全部过程。阴阳即两种相互对立、辩证统一的状态。阴阳两种状态相反相成，构成事物发展的整体性、统一性、过程性和动态性。高与低、贵与贱、清与浊、动与静、黑与白、冷与暖、上与下、胖与瘦、美与丑、善与恶、福与祸、荣与辱、得与失、贫与富、难与易、多与寡、俭与奢，构成事物发展的两点和两面。

推动事物在两点和两面之间相互转化的是道，即事物自身发展的规律。因此，是否遵守道以及在何种程度上遵循道，决定着事物阴阳转化的状态，或者事物发展的不同阶段和不同状态。宇宙万物得一，则天清地宁、神灵谷盈、万物生长、天下中正；反之，则天裂地陷、神歇谷竭、万物灭绝、国破家亡。

正是因为深知守道的重要性，所以诸侯君王虽然尊贵，却自我谦卑，自谦为孤、寡、不榖。这是因为君王诸侯懂得，高贵以卑贱为根本，君主以国民为根本，最高的荣誉无须赞誉，至美的境界无须美玉点缀。

参考文献

[1] 老子. 道德经 [M].《小墨香书》编委会，编. 长沙：湖南美术出版社，2011.

[2] 陆玉林. 道德经精粹解读 [M]. 北京：中华书局，2001.

[3] 老子. 道德经 [M]. 张景，张松辉，译注. 北京：中华书局，2024.

第四十章　反者道之动

原文

反者道之动，
弱者道之用。
天下之物生于有，
有生于无。

译文

循环往复、阴阳转化是规律运作的方式，
柔弱是道发挥作用的方式和特点。
天下万物生于宇宙天地之间，
宇宙天地生于道。

解读

　　道即规律。规律运动的方式是循环往复、阴阳转化。循环往复是从整体和宏观看事物发展的全貌。阴阳转化是从微观角度看事物不同阶段、不同状态的相互转化。物极必反、乐极生悲、喜极而泣、福祸相依，讲的是事物相反对立的两种状态是怎样相互转化的。阴极生阳，阳极生阴，当一种状态达到极致，就会向相反的方向转化，这是阴阳转化的内在动力。

事物循环往复、正反相互转化，是规律运动的方式。正反转化或阴阳转化的内在动力是"物极"即事物发展到极致。"物极"可以是阴极，也可以是阳极；可以是乐极，也可以是哀极；可以是福极，也可以是祸极，任何一种状态发展到极致，都会发生逆转。所以历史上才有"哀兵必胜"的典故。

"反者道之动"在社会生活中的应用是逆向思维。在现实生活中，我们为了达成一个目的，有时往往会反其道而行之，即欲上先下、欲左先右、欲擒故纵、欲抑先扬、欲扬先抑、置之死地而后生……

参考文献

[1] 老子. 道德经 [M].《小墨香书》编委会，编. 长沙：湖南美术出版社，2011.

[2] 陆玉林. 道德经精粹解读 [M]. 北京：中华书局，2001.

第四十一章　大器晚成

> **原文**

上士闻道，勤而行之；
中士闻道，若存若亡；
下士闻道，大笑之，
不笑，不足以为道。
故建言有之：
明道若昧，
进道若退，
夷道若类。
上德若谷，
大白若辱，
广德若不足，
建德若偷，
质直若渝。
大方无隅，
大器晚成，
大音希声，

第四十一章　大器晚成

大象无形，
道隐无名。
夫唯道，
善贷且成。

译文

上士听了大道，勤勉实践，以行动来遵循它；
中士听了大道，半信半疑，偶或遵循；
下士听了大道，大声嘲笑，
不被嘲笑，就不足以称之为大道。
所以古语说，光明的大道仿佛是昏暗的，
前进的大道仿佛是后退的，
平坦的大道仿佛是崎岖的。
高尚的道德仿佛幽深的山谷，
极致的纯洁仿佛遭受极大的屈辱，
广博的道德仿佛有缺憾，
典范的道德仿佛苟且，
质朴纯真仿佛沧海桑田。
最大的法则仿佛没有边界，
最宏大的器物最后完成，
最美妙的音乐声调简洁，
最大的景象没有形状，
大道隐藏没有名字。
只有大道善于给予且成就万物。

解读

大道是一种辩证存在，阴阳对立统一且相互转化。道、德、白、质、方、器、音、象的存在形态说明了道的辩证性。老子说，明道若昧，进道若退，夷道若类，上德若谷，大白若辱，广德若不足，建德若偷，质直若渝，大方无隅，大器晚成，大音希声，大象无形。意思是光明的大道仿佛是昏暗的，前进的大道仿佛是后退的，平坦的大道仿佛是崎岖的，高尚的道德仿佛是幽深的山谷，极致的纯洁仿佛是屈辱的，广博的道德仿佛是有缺憾的，典范的道德仿佛是苟且的，质朴纯真仿佛沧海桑田，最大的法则没有边界，最宏大的器物最后完成，最美妙的音乐声调简洁，最大的气象没有载体，大道隐藏没有名字，大道生育天地，运行日月，只有大道善于给予且成就万物。

人依其资质分为上中下三种，三种人对待世间大道态度不同。上士听了大道，勤勉践行并遵循它；中士闻道，半信半疑，有时遵循有时背离；下士听了大道，大加嘲笑，嗤之以鼻。

人类社会生活各个领域的道是具体的，体现为各个领域的具体发展规律。在具体领域中，要想发展好自身的事业，就要遵循规律，勤加学习和实践，才能成为大方、大器、大音、大象，成就建德、广德和上德。大方是万世垂范的格局与典范，如万世师表的孔子；大器是经天纬地的历史巨人，如毛泽东；大音是震烁古今的思想巨擘，如老子；大象是海纳百川的存在，如梁启超。

参考文献

[1] 老子. 道德经 [M].《小墨香书》编委会，编. 长沙：湖南美术出版社，2011.

[2] 陆玉林. 道德经精粹解读 [M]. 北京：中华书局，2001.

第四十二章　道生一

原文

道生一，
一生二，
二生三，
三生万物。
万物负阴而抱阳，
冲气以为和。
人之所恶，
唯孤、寡、不穀，
而王公以为称。
故物或损之而益，
或益之而损。
人之所教，
我亦教之。
强梁者不得其死，
吾将以为教父。

译文

道孕育了万物一体的统一整体，
宇宙整体又分为阴阳两种属性，
阴阳结合，变化万端，产生了万事万物，林林总总。
万事万物是阴阳辩证统一的整体，
相互对立，又相互统一。
人们所厌恶的只有孤独、无助、有缺点，
而君王诸公却用它们作为自己的称呼。
因此，事物有时会因为减损而增益，
有时会因为增益而减损。
别人所传授给我的，我也用它来教导别人。
强悍霸道的人不得善终，
我把这些道理视为教化的基本准则。

解读

道是最高的存在。道孕育产生了万物一体的整体性存在，这种整体性存在一分为二，形成阴阳两气、两端、两面。阴阳结合，变化万端，产生万事万物。易经用八卦来表达万物众生，如乾、坤、震、巽、艮、兑、离、坎。天地间万事万物是阴阳对立统一的整体，相互对立又相互统一，在一定条件下又相互转化。

古往今来，深谙历史大道的帝王诸侯，往往以谦卑自称，自称孤、寡、不榖，懂得在强弱、虚实、损益、进退、尊卑之间保持长久的优势和主动。

参考文献

[1] 老子. 道德经 [M].《小墨香书》编委会,编. 长沙:湖南美术出版社,2011.
[2] 陆玉林. 道德经精粹解读 [M]. 北京:中华书局,2001.

第四十三章　以柔克刚

原文

天下之至柔，

驰骋天下之至坚。

无有入于无间。

吾是以知无为之有益。

不言之教，

无为之益，

天下希及之。

译文

天下最柔软的东西，

能够驰骋纵横于天下最坚硬的物体之中。

无形的存在，能够穿透完整无缺、没有缝隙的物体。

我因此知道无为的好处。

无声的教导，

无为的益处，

天下人很少意识到并能够做到。

解读

以柔克刚。天下事物充满辩证性，弱胜强，柔胜刚，无胜有，无为胜有为，不言胜有言，静胜动，清胜浊，少胜多，简胜繁，社会生活中类似的现象比比皆是。

在国家治理中，文化是一种软力量，看不见摸不着，无形、无声、无色、无味，但却具有温暖人心、陶冶心灵、征服世界的大功用，文化的力量可以渗透进各种商品、各类社会交往、各类人群的言行举止中。文化无形，却可囊括整个世界，以"无有入于无间"，文化的力量润物细无声，没有任何强迫和命令，完全顺其自然，无为而治，自然抵达，是"不言之教，无为之益"，这是文化的感染力和魅力所在，它让人心生向往、心生欢喜、心悦诚服。这就是以天下之至柔，驰骋天下之至坚，一支笔可以胜过无数杆枪，一支笔有时可以抵得上千军万马。

拿破仑说，"笔比剑更有威力"，这就是文化的软实力。文化的力量就像水，纵横天下，无坚不克。思想有时比枪炮更有力量。

参考文献

[1] 老子. 道德经［M］.《小墨香书》编委会，编. 长沙：湖南美术出版社，2011.
[2] 陆玉林. 道德经精粹解读［M］. 北京：中华书局，2001.

第四十四章　知足不辱

原文

名与身孰亲？
身与货孰多？
得与亡孰病？
甚爱必大费，
多藏必厚亡。
故知足不辱，
知止不殆，
可以长久。

译文

功名与性命哪个更亲近？
生命与财富哪个更重要？
得到与失去哪个更有害？
过分的热爱必然会有巨大的消耗，
过多的储藏必然有大的代价。

知道满足，就不会受辱；

知道适可而止，就不会遇到危险；

可以天长地久。

解读

宇宙万事万物的存在都遵循自然规律，充满了辩证性。人作为宇宙的一分子，自然也遵循着阴阳辩证共生的自然规律。人的一生，短短百年，在苍茫的宇宙面前如白驹过隙，个体的生命虽然短暂，但人类整体的生命却已有几百万年。人类的文明起源于对工具和语言的使用，其中物质工具指劳动工具，精神工具指语言。人类对于自己生存意义的思考是智慧的标识。

人的一生充满着名与身、身与货、得与亡、甚爱与大费、多藏与厚亡、荣与辱、安与殆的矛盾。如何权衡与选择，老子在《道德经》中告诉我们，功名与性命、生命与财富、得到与失去，这些人生的目标，如果过多的热爱，必然对生命有巨大的消耗；过多的储藏，必然会有大的损伤。面对功名利禄，唯有淡泊名利、清心寡欲，懂得知足，才不会遭受屈辱；适可而止，才不会遭遇危险，这样才能长长久久，与天地同寿。

参考文献

[1] 老子. 道德经［M］.《小墨香书》编委会，编. 长沙：湖南美术出版社，2011.

[2] 陆玉林. 道德经精粹解读［M］. 北京：中华书局，2001.

第四十五章　大成若缺

> 原文

大成若缺,
其用不弊。
大盈若冲,
其用不穷。
大直若屈,
大巧若拙,
大辩若讷,
大赢若绌。
静胜躁,
寒胜热,
清静为天下正。

> 译文

伟大的成功仿佛有缺憾,
它的作用没有弊端,

大的圆满仿佛有矛盾之处,

它的作用无穷无尽。

大的笔直仿佛是弯曲的,

大的灵巧仿佛是笨拙的,

大的明辩仿佛是木讷的,

大的胜利仿佛是相形见绌的。

躁动可以制服寒冷,

清静可以驾驭燥热,

清静是天下的正道。

解读

对立统一、辩证共存是宇宙间万事万物存在的共性。老子用成与缺、盈与冲、直与屈、巧与拙、辩与讷、赢与绌、静与躁、寒与热几对相反相成的关系,描绘了世间人的一生中面临的几种人生情境和状态。

伟大的成功仿佛有缺憾,宏大的圆满仿佛有矛盾之处,大的笔直仿佛是弯曲的,高明的灵巧仿佛是笨拙的,高深的明辩仿佛是木讷的,压倒性的胜利仿佛是相形见绌的,躁动可以制服寒冷,清静可以驾驭燥热。清静是天下的正道。德高配位,内心清静的人可以做天下人的领导。

参考文献

[1] 老子. 道德经 [M].《小墨香书》编委会,编. 长沙:湖南美术出版社,2011.

[2] 陆玉林. 道德经精粹解读 [M]. 北京:中华书局,2001.

第四十六章　知足常足

原文

天下有道，
却走马以粪；
天下无道，
戎马生于郊。
罪莫大于可欲，
祸莫大于不知足，
咎莫大于欲得。
故知足之足，
常足矣。

译文

太平盛世，国泰民安，
战马用于耕田；
天下混乱，兵荒马乱，
战马生于郊野；

罪过莫大于欲望太多,
祸患莫大于不知满足,
错误莫大于贪得无厌。
所以知道满足的富足,
是真正恒久的富足。

解读

老子以天下有道与无道两种状态下战马生存环境截然不同的两种状态,提醒人们:要安不忘危、福莫忘祸、有莫忘无、兴莫忘亡、盛莫忘衰、胜莫忘败、功莫忘过、得莫忘失、荣莫忘辱……在人类社会的历史变迁中,安与危、福与祸、有与无、兴与亡、盛与衰、胜与败、功与过、得与失、荣与辱,辩证共存、相反相成、互相转化,稍有不慎,就会乐极生悲,福极生祸,过犹不及,盛极而衰。所以,修身齐家治国,要适可而止,懂得分寸,恪守中正平和之道。

"罪莫大于可欲,祸莫大于不知足,咎莫大于欲得",讲的是贪欲太多、贪得无厌、不知满足带来的祸患、罪过和错误,这是我们应该引以为戒的。《道德经》第三十三章说"知足者富",懂得满足,懂得适可而止,懂得分寸,恪守中庸之道,才是真正的富有。"知足之足,常足矣",知进退、懂分寸的富有,才是永恒的富有、长久的富有。

参考文献

[1] 老子. 道德经 [M].《小墨香书》编委会, 编. 长沙: 湖南美术出版社, 2011.
[2] 陆玉林. 道德经精粹解读 [M]. 北京: 中华书局, 2001.

第四十七章　不为而成

原文

不出户,
知天下;
不窥牖,
见天道。
其出弥远,
其知弥少。
是以圣人不行而知,
不见而名,
不为而成。

译文

足不出户,
知晓天下大事;
不看窗外日月星辰,
便可知四季轮回。

第四十七章　不为而成

走得越远，见闻越多，
真知灼见越少。
因此，圣人不远行而洞悉社会人情，
不自我彰显而名闻天下，
不刻意作为而功成名就。

解读

真正的成功是顺乎天性、自然而然、水到渠成。人类社会最大的一个误区是用一个标准来衡量所有人，用一把尺子来定义成功。人的才能、禀赋、兴趣、爱好、天性是多种多样、各不相同的，就如同大自然中，树有千万种，有梨树、桃树、杏树、杨树、榆树、柳树、松树、枣树、桑树、梧桐树……不能用是否结果来衡量一棵树是否成功，因为每棵树都有存在的意义和价值。这个世界有各种人，上等人、中等人、下等人，圣人、君子、小人、庸人、俗人。圣人生而知之，君子学而知之，小人困而知之，庸人困而不学。有些人天赋异禀，善于学习，富于灼见，长于发现规律，这是天性使然。有的人善于经商，有的人善于从政，有的人善于艺术，有的人长袖善舞，有的人善于竞技搏斗，等等，真正的成功是遵循天性和禀赋，顺其自然，水到渠成。

圣人与道是合二为一的，其所言所行皆合于道，故生而知之。所以圣人足不出户，便可知晓天下大事；不看窗外星辰转换，也可知四季轮回之自然规律。普通人走遍千山万水，阅遍人间百态，所知道的规律和真知反而越少。所以，圣人不远行即可洞悉规律，不自我表现就可名闻天下，不刻意而为就能功成名就，这是顺乎本性、自然而然的结果。所以每个人都要找到自己的本性，顺势而为，完成自己的人生使命和任务，就是成功。

真正的成功就是做好自己，实现自我。是草就摇曳，是花就绽放，是树就触碰天空。

参考文献

[1] 老子. 道德经 [M].《小墨香书》编委会, 编. 长沙: 湖南美术出版社, 2011.

[2] 陆玉林. 道德经精粹解读 [M]. 北京: 中华书局, 2001.

第四十八章　为道日损

原文

为学日益，
为道日损，
损之又损，
以至于无为，
无为而无不为，
取天下常以无事；
及其有事，
不足以取天下。

译文

研究学问是道加法，
积累一天比一天增多；
研究规律是道减法，
收获一天比一天减损。
减少了又减少，精简了又精简，

以至达到无所作为、无欲无求、顺其自然的境界。

无欲无求，无所作为，却又做什么都能成。

治理天下，常常是顺其自然；

如果妄自作为，

是不能够治理好天下的。

解读

人生是道加减法，辩证统一。"为学日益"，研究具体的知识技能，是道加法，积累一天比一天增多，细节越来越深入。"为道日损"，研究根本的规律，是道减法，提炼一天比一天精简，减掉的细节越来越多，精简到最后，以至达到无所作为、无欲无求、顺其自然的境界。"无为而无不为"，无欲无求，无所作为，却又做什么都能成。洞悉了人类社会发展规律、人际交往规律、人生规律，一个人自然可以在社会中如鱼得水，自由飞翔。治理国家也是如此，"取天下常以无事"，治国常常是顺其自然，不妄为，如果妄自作为，政繁税苛，是不能够治理好天下的。

人生前半程是道加法，人生后半程是道减法。人生上半场，修身齐家治国平天下，立志求取功名、财富、权势、地位。人生后半场，阅尽千帆、洗尽铅华，独上高楼，清心寡欲、返璞归真。

参考文献

[1] 老子. 道德经 [M]. 《小墨香书》编委会，编. 长沙：湖南美术出版社，2011.

[2] 陆玉林. 道德经精粹解读 [M]. 北京：中华书局，2001.

第四十九章　圣人无常心

原文

圣人无常心，
以百姓心为心。
善者吾善之，
不善者吾亦善之，
德善；
信者吾信之，
不信者吾亦信之，
德信。
圣人在天下，歙歙焉，
为天下浑其心。
百姓皆注其耳目，
圣人皆孩之。

译文

圣人没有执念和私欲，

以百姓的心念为自己的心念。
善良的人我以善良对待他，
不善良的人我也以善良对待他。
这就得到了真正的善良。
有信用的人我以诚信对待他，
没信用的人我也以诚信对待他，
这才是真正的诚信。
圣人治理天下，小心谨慎，
为了天下太平而使百姓的心混沌淳朴。
百姓注重眼睛所见，耳朵所闻，喜欢多闻博见，
圣人让老百姓回到孩子般淳朴天真的状态。

解读

人生修行修一颗天心、童心。返璞归真，像孩童般无忧无虑，无欲无求，淳朴自然，专注于当下，这就是修行者修行的最高境界。从功名利禄、满心执念、妄念、欲念，到诸念皆空、无欲无求、清心寡欲，是修行的此岸与彼岸。无事一身轻，欲望皆是烦恼。多少人终其一生羁绊于尘世欲望之网而不能自拔，苦苦挣扎，也有些人能看清世间的真相而超然物外，活出清醒和清静。

"圣人无常心，以百姓心为心。"圣人没有执念和欲望，像一面镜子，以百姓的心念为自己的心念。"善者吾善之，不善者吾亦善之，德善。"无论善良抑或奸诈，都以善良待之，这是真正的善良。"信者吾信之，不信者吾亦信之，德信。"无论是诚信的人还是骗子，都以诚信待之，这是真正的诚信。圣人治理天下，淳朴自然。为了天下太平，希望老百姓不要有那么多的私心杂念，少些功名利禄，少些钩心斗角、少些利益纷争，多些淳朴自然、天真质朴，和睦共处，像孩子般无忧无虑，无欲无求。

参考文献

［1］老子. 道德经［M］.《小墨香书》编委会，编. 长沙：湖南美术出版社，2011.
［2］陆玉林. 道德经精粹解读［M］. 北京：中华书局，2001.

第五十章　善摄生者无死地

> 原文

出生入死，
生之徒，十有三；
死之徒，十有三。
人之生，动之死地，十有三。
夫何故？以其生生之厚。
盖闻善摄生者，
陆行不遇兕虎，
入军不被甲兵；
兕无所投其角，
虎无所措其爪，
兵无所容其刃。
夫何故？
以其无死地。

第五十章 善摄生者无死地

译文

人的一生从出生到死亡，

人海茫茫，能正常活着的人，有十分之三；

短命的人，有十分之三。

人的一生中，因为自己言行举动不当而致命，有十分之三。

这是什么原因呢？因为滋养生命的物质太过丰厚，反而拖累了生命。

听说善于养生的人，

走路不会受到犀牛、老虎伤害，

打仗不会受到刀剑的伤害；

犀牛找不到顶角的地方，

老虎找不到下爪的地方，

兵器找不到下刃的地方。

这是什么原因呢？

因为他身上没有致命的地方。

解读

孔子说，"七十，从心所欲不逾矩"。当一个人顺应天道人伦，天人合一，正所谓"与天地合其德，与日月合其明，与四时合其序，与鬼神合其吉凶"，与万物合其道，与众生合其理，在天地之间，万物并行而不悖，与世间万事万物皆能和谐相处时，自然虎狼不侵，鬼神不犯，众生陶陶，怡然自得，得享天寿延年。

所以人的一生，能正常寿终正寝的人，占十分之三；短命的人，占十分之三；因言行举动失当而夭亡的人，占十分之三。

一个真正善于养生的人，与天地自然的德性相一致，与日月升降的发展规律相协调，与春夏秋冬四季轮回的顺序相配合，敬畏宇宙的神秘力量，与万物并行而不悖，自然能够天人合一，尽享天意延年。从而，"陆行不遇兕虎，入军不避甲兵；兕无所投其角，虎无所措其爪，兵无所容其刃"。

参考文献

［1］老子. 道德经［M］.《小墨香书》编委会，编. 长沙：湖南美术出版社，2011.

［2］陆玉林. 道德经精粹解读［M］. 北京：中华书局，2001.

第五十一章　尊道贵德

原文

道生之，
德畜之，
物形之，
势成之。
是以万物莫不尊道而贵德。
道之尊，德之贵，
夫莫之命而常自然。
故道生之，德畜之，
长之育之，
成之孰之；
养之覆之。
生而不有，
为而不恃，
长而不宰，
是谓玄德。

> **译文**

道生育万物,
德性蕴育了万物,
千姿百态的事物形塑了万物,
时空与环境构成的态势成就了万物。
因此,万物众生没有不尊崇道和德的,
道的尊崇,德的高贵,
是因为从不发号施令,而是顺其自然。
因此,道生发万物,德蕴育万物,
使万物茁壮成长发育,
使之成熟长大,
道养育万物、庇护万物。
生育万物而不占为己有,
施恩万物而不自恃其功,
成就万物却不生杀予夺,
这是最深厚的道德。

> **解读**

天地之间,万事万物莫不尊道而贵德。"道生之,德畜之,物形之,势成之",道与德生育和成就了天下万事万物,构成万事万物在天地之间生长发展的内在规律和基本品性;道用千姿百态的物属种类赋予每个物体以具体形态,并以时间的继起、空间的并存、环境的交织构成一个事物发展的态势和阶段性。

道与德的尊贵在于对待万事万物常是顺其自然而不横加干涉。"生而不有,为而不恃,长而不宰,是谓玄德",生育万物却不占为己有,施恩万物却不自恃其功,成就万物却不发号施令,这是最玄妙深奥的德性。

参考文献

[1] 老子. 道德经[M].《小墨香书》编委会,编. 长沙:湖南美术出版社,2011.

[2] 陆玉林. 道德经精粹解读[M]. 北京:中华书局,2001.

第五十二章　天下有始

> **原文**

天下有始，
以为天下母。
既知其母，
以知其子；
既知其子，
复守其母，
没身不殆。
塞其兑，
闭其门，
终身不勤；
开其兑，
济其事，
终身不救。
见小曰明，
守柔曰强。
用其光，

第五十二章 天下有始

复归其明,

无遗身殃,

是谓习常。

译文

天下万事万物都有初始之本源,
作为万事万物的根源。
既然知道了万事万物的本源,
也就知道了万事万物的特点;
既然知道了万事万物的特点,
也就能回归遵守天地间万事万物运作背后的规律,
这样终身就没有危险。
闭目塞听,
关闭屋门,
终身不勤勉;
举目倾听,
努力做事,妄自作为,
终身不可救药。
洞察微小是明智,
守住柔弱是刚强。
运用目光观察,洞察本质,
回归到明智状态,
不会给自身带来灾殃,
这就是遵循规律。

> **解读**

天下万事万物都符合因果律。有母必有子，有因必有果，有始必有终，有根必有枝。母与子、因与果、始与终、根与枝、源与流、本与末是决定与反映的关系。

"既知其母，以知其子。"母决定子，因决定果，始决定终，根决定枝，源决定流，本决定末，这是从性质、基因、主流方向等大的方面来讲。比如猪妈妈能生小猪，而不是生小牛，但小猪的样貌、脾性，会各不相同。因此，我们从母、因、始、根、源、本的特点和规律可以推知子、果、终、枝、流、末的特点和规律。所以有俗语说"龙生龙，凤生凤，老鼠的儿子会打洞"。

反过来，"既知其子，复守其母"。子、果、终、枝、流、末的特点可以反映母、因、始、根、源、本的本性。父母是孩子的底版，孩子是父母的一面镜子。母决定子，子反映母的规律、本质、特性和根本性质。

非其礼，闭目不视，充耳不闻，不妄自作为，终身没有危险；合其礼，举目倾听，顺其自然，终身可以救药。洞察微小是明智明觉，洞悉辩证规律，恪守柔弱是刚强。目光清澈，洞悉本质，回归到明察明智状态，不会给自身带来灾殃，这就是遵循规律。

参考文献

[1] 老子. 道德经 [M]. 《小墨香书》编委会，编. 长沙：湖南美术出版社，2011.

[2] 陆玉林. 道德经精粹解读 [M]. 北京：中华书局，2001.

[3] 老子. 道德经 [M]. 张景，张松辉，译注. 北京：中华书局，2024.

第五十三章　唯施是畏

原文

使我介然有知，
行于大道，
唯施是畏。
大道甚夷，
而人好径。
朝甚除，
田甚芜，
仓甚虚；
服文采，
带利剑，
厌饮食，
财货有余，
是为盗夸。
非道也哉！

> **译文**

使我坚定信奉的知识,
是言行遵循天地大道,
畏惧那些邪路。
大路是非常平坦的,
而大部分人喜欢小路的便捷。
朝堂的宫殿十分整洁,
田野里的庄稼却十分荒芜,
仓库很空虚,
服装很华丽,
佩戴锋利的宝剑,
厌倦了珍馐佳肴,
金银珠宝多不胜数,
这是强盗的首领。
不符合道的行为。

> **解读**

我坚定信奉的知识就是言行遵循大道。"行于大道",是指视听言动、衣食住行皆符合于大道,合其礼,"非礼勿视,非礼勿听,非礼勿言,非礼勿动",衣食住行崇尚素朴自然,不奢侈浪费,不锦衣玉食,不珠光宝气,不歪门邪道。

衣食住行的豪华与繁复程度,反映一个社会生活文明进步的物质技术水平,有其客观进步意义。在礼制的范围内,合理享用衣食住行的物品是合乎大道的。比如在国家重大公共场合,必须用衣食住行的最高等级以祭天地、祭祖先、待远客,这不是奢侈,是尊重。在礼制的范围外,极尽奢侈、奢靡浪费，过度追求和享用华屋美食锦裳，就是不合于大道。比如，封建时代的特权阶层不顾民生疾苦，只顾自己奢侈享受，把宫殿装饰得豪华富丽，民间田野却一片荒芜，国库空虚无储，他们锦衣玉食，珠光宝气，长剑佩身，纵情享受，是国之大盗，民之贼首，不符合天地大道。

参考文献

［1］老子. 道德经［M］.《小墨香书》编委会，编. 长沙：湖南美术出版社，2011.
［2］陆玉林. 道德经精粹解读［M］. 北京：中华书局，2001.

第五十四章　以身观身

原文

善建者不拔，
善抱者不脱，
子孙祭祀不辍。
修之于身，
其德乃真；
修之于家，
其德乃余；
修之于乡，
其德乃长；
修之于邦，
其德乃丰；
修之于天下，
其德乃普。
故以身观身，
以家观家，
以乡观乡，

第五十四章 以身观身

以邦观邦,
以天下观天下。
吾何以知天下然哉?
以此。

译文

善于建设的人,所建设的事业不会被拔掉;
善于抱持的人,所抱持的物品不会脱手;
善于生存的人,子孙绵延,香火不断。
用道来修养自己,
德性朴实纯真;
用道来修养家庭,
家风德性包容富余;
用道来治理家乡,
乡风乡俗德性尊崇;
用道来治理国家,
国风民俗德性丰厚淳朴;
用道来治理天下,
世风人心德性博大普及;
因此,以自己来关照他人,
以自己的家庭观察别人的家庭,
以自己的家乡观察别人的家乡,
以自己的国家观察别人的国家。
以今日之天下观察昨日和未来之天下。
我是怎么知道天下大事的呢?
就是运用以上方法。

解读

善于建设的人，所建立的事业不会被拔除；善于抱持的人，所抱持的物品不会脱手；善于生存的人，所生养的子孙绵延不断。这是因为言行遵循大道，所以才会与天地并寿，与日月同光。

用道来修身、修家、修乡、修国、修天下，则德真、德余、德长、德丰、德普。因此，一个人用道来修养自己，则德性朴实纯真；一个家庭用道来管理自己，则家风包容和顺；一个乡里用道来管理自己，则乡风民俗德性隆显尊崇；一个国家用道来治理自己，则国风民俗丰盛厚重；天下用道来治理，则世风人心德性辽阔广博。

推己及人，以小见大，是了解观察人和物的重要方法。老子说，我知晓天下大事，是通过"以身观身，以家观家，以乡观乡，以邦观邦，以天下观天下"的方式。因为，此身与彼身、此家与彼家、此乡与彼乡、此邦与彼邦、此天下与彼天下，其运作的底层逻辑是一致的或相似的，因而其表现形式和内容也是相似的。这就是将心比心、推己及人的积极意义所在。孔子说，"己欲立而立人，己欲达而达人，己所不欲，勿施于人"，正是遵循了将心比心、共鸣共情、同频共振的人类法则，成为传承千载、千古不朽的中华文明智慧。

说到底，遵循天道人伦，必然与天地同寿，千古不朽。诸身、诸家、诸乡、诸邦、诸天下皆如此。

西方有一位哲学家曾经有一个疑问，中华文明几千年绵延不断的秘密究竟是什么？这就是中华文明的始祖黄帝，在文明始创之初，就用天地大道来引领中华民族发展，"人法地，地法天，天法道，道法自然"，天人合一是中华文明的核心密码，中华儿女与山河日月一起，绵绵若存、生生不息。

参考文献

[1] 老子. 道德经 [M]. 《小墨香书》编委会，编. 长沙：湖南美术出版社，2011.
[2] 陆玉林. 道德经精粹解读 [M]. 北京：中华书局，2001.

第五十五章　含德之厚

原文

含德之厚,
比于赤子。
毒虫不螫,
猛兽不据,
攫鸟不搏。
骨弱筋柔而握固。
未知牝牡之合而朘作,
精之至也;
终日号而不嗄,
和之至也。
知和曰常,
知常曰明,
益生曰祥,
心使气曰强。
物壮则老,
谓之不道,
不道早已。

第五十五章　含德之厚

译文

德行深厚之人，
仿佛初生的婴儿。
毒虫不螫他，
猛兽不抓他，
鹰鸟不袭击他。
筋骨柔弱，拳头紧握。
不知阴阳交合之事而雄器勃起，
元精之气醇厚充盈。
终日啼哭，声音却毫不嘶哑，
阴阳和合，和顺至极。
懂得阴阳和合之道，就是懂得规律；
懂得遵循规律，就是明智明觉；
有益生命就是吉祥；
以意识驱使客观物质是强大。
事物强盛到顶峰就会衰老，
强求妄为是不符合道的，
不符合道就会早亡。

解读

　　德行深厚的人，是遵循天地大道与人类社会规律的人。遵循天地自然与人类社会的规律，与天地万物众生并行而不悖，并育而不害，故飞禽走兽毒虫不伤，兕虎不伤。德行深厚之人，如初生婴儿，元阳充沛，和顺至极，在天地之间，如鱼得水，如鸟飞空。

　　懂得阴阳和合之道，即为懂得天地自然与人类社会的规律。懂得规律，即明智明觉。在生活中遵循规律，顺其自然，就会益于生命，收获吉祥；反之，强求作为，以主观意图驱使客观环境，追求强大。事物强大到顶峰就会走向衰老。世间万物，盛极而衰，强极而弱，物壮则老。所以强求逆天改命，可以一时强大，但因为不合乎道而不可长久。

参考文献

[1] 老子. 道德经［M］.《小墨香书》编委会，编. 长沙：湖南美术出版社，2011.

[2] 陆玉林. 道德经精粹解读［M］. 北京：中华书局，2001.

第五十六章　是谓玄同

原文

知者不言，
言者不知。
塞其兑，
闭其门；
挫其锐，
解其纷；
和其光，
同其尘。
是谓玄同。
故不可得而亲，
不可得而疏；
不可得而利，
不可得而害；
不可得而贵，
不可得而贱。
故为天下贵。

译文

真正明智明觉者沉默不语，
夸夸其谈者不明智。
闭目塞听，不看不听不说，
关闭房门，深居简出；
挫钝其尖锐的锋芒，
解决纷扰与争端；
调和其光芒，
混同尘埃；
这就是玄妙大同的境界。
这样的境界，既不可通过亲近而抵达，
也不可通过疏远而抵达；
既不可通过利益而抵达，
也不可通过损害而抵达；
既不可通过高贵而抵达，
也不可通过卑贱而抵达；
所以才能成为天下最尊贵的样子。

解读

通晓天地大道的人是沉默的。"知者不言，言者不知。"洞悉了天地自然与人类社会的规律，言行顺其自然，无须多言。"多言数穷，不如守中。"同与道者，塞兑、闭门、挫锐、解纷、和光、同尘，闭目塞听、深居简出，不听、不看、不说、不动，磨圆了尖锐的锋芒，排除了纷杂的争端，调和了各种光芒，混同于尘埃的平凡，这就是玄妙大同的境界，即玄同。

玄同境界是天人合一、德配天地的玄妙大同境界。玄同境界无法通过态度言行的亲疏而抵达，无法通过荣辱存亡的利害而抵达，也无法通过高官厚禄的贵贱而抵达。正因为人们所看重的亲疏、利害、贵贱无助于玄同境界的达成，正因为玄同境界无法通过权力、功名、利禄为媒介和桥梁而抵达，正因为玄同境界的遥不可及、高不可攀、幽不见底，才成为天下最尊贵的存在。

参考文献

[1] 老子. 道德经 [M]. 《小墨香书》编委会，编. 长沙：湖南美术出版社，2011.

[2] 陆玉林. 道德经精粹解读 [M]. 北京：中华书局，2001.

[3] 陈怡，程钢. 《老子》《论语》今读 [M]. 北京：高等教育出版社，2003.

第五十七章　以正治国

原文

以正治国，
以奇用兵，
以无事取天下。
吾何以知其然哉？
以此：
天下多忌讳，
而民弥贫；
民多利器，
国家滋昏；
人多伎巧，
奇物滋起；
法令滋彰，
盗贼多有。
故圣人云：
我无为而民自化，
我好静而民自正，

我无事而民自富，
我无欲而民自朴。

译文

以正大光明的规则治理国家，
以出奇制胜、兵不厌诈来带兵打仗，
以顺其自然、无为而治来治理天下。
我是怎么知道这样的规律的呢？
是由此：
治理天下禁令忌讳越多，
老百姓越贫困；
老百姓锋利的武器越多，
国家越滋生混乱和黑暗；
老百姓学会的技巧越多，
新奇物器制造越多；
法律规章越凸显，
烧杀抢劫发生越多；
所以圣人说：
我无为而治，民众自然归化驯服，
我清静自然，民众自然守正有序，
我休养生息，民众自然逐渐富裕，
我无欲无求，民众自然朴实纯真。

解读

治理国家要用正大光明的规则，遵循规律，顺其自然，无为而治。带兵打仗，可以兵出奇招，不落常规，不走寻常路，出奇制胜。治国以正，君主"无为、好静、无事、无欲",则人民"自化、自正、自富、自朴"。反之,治国若"多忌讳、多利器、多技巧",则民贫、国昏、贼多。

因此,治理国家禁令忌讳越多,老百姓越贫困,君主休养生息,民众自然逐渐富裕。老百姓学会的技巧越多,新奇事物制造越多;老百姓手中锋利的武器越多,国家越混乱和黑暗;法律规章制定越多,烧杀抢劫犯罪越多。君主清静无为,民众自然中正有序;君主无为而治,民众自然归化驯服;君主无欲无求,民众自然朴实纯真。

参考文献

[1] 老子. 道德经 [M].《小墨香书》编委会,编. 长沙:湖南美术出版社,2011.

[2] 陆玉林. 道德经精粹解读 [M]. 北京:中华书局,2001.

[3] 陈怡,程钢.《老子》《论语》今读 [M]. 北京:高等教育出版社,2003.

第五十八章　福祸相倚

> **原文**

其政闷闷，
其民淳淳；
其政察察，
其民缺缺。
祸兮，福之所倚；
福兮，祸之所伏。
孰知其极？
其无正也？
正复为奇，
善复为妖。
民之迷，
其日固久。
是以圣人方而不割，
廉而不害，
直而不肆，
光而不耀。

译文

政风宽厚，
民风淳朴；
政令苛责，
民风刻薄。
灾祸是幸福所依靠的地方，
幸福是灾祸所潜伏的地方。
谁知道它的起点在哪里？
没有标准吗？
正常的反面是异常，
善良的反面是妖邪。
人们困惑的时日，
已经很久了，
所以圣人方正而不伤人，
锐利而不害人，
直率而不放肆，
光荣而不炫耀。

解读

治理国家为什么要无为而治呢？是因为政风与民风息息相关。老子说，"其政闷闷，其民淳淳；其政察察，其民缺缺"。国家政令越宽厚，社会民风越淳朴；国家政令越苛责，社会民风越刻薄，所以上行下效，政风决定民风。故孔子说，"君子之德风，小人之德草，草上之风必偃"。

社会生活中各个主体、各个领域、各个方面密切相关，辩证统一。政治与生活、君主与民众、政风与民风、幸福与灾祸、正与奇、善与妖，辩证统一、相互对立、相互转化。灾祸是幸福所依靠的地方，幸福是灾祸所潜伏的地方，正常的反面是异常，善良的反面是妖邪，光明的背面是黑暗。正因为天地万物存在正反两点两面的辩证统一和对立转化，所以圣人做事持中守正、不偏不倚，方正而不伤人，锐利而不害人，直率而不放肆，光荣而不炫耀。

参考文献

[1] 老子. 道德经 [M].《小墨香书》编委会，编. 长沙：湖南美术出版社，2011.

[2] 陆玉林. 道德经精粹解读 [M]. 北京：中华书局，2001.

[3] 陈怡，程钢.《老子》《论语》今读 [M]. 北京：高等教育出版社，2003.

第五十九章　治人事天莫若啬

原文

治人事天，
莫若啬。
夫唯啬，
是谓早服。
早服是谓重积德。
重积德则无不克，
无不克则莫知其极，
莫知其极，可以有国；
有国之母，可以长久。
是谓根深固柢，
长生久视之道。

译文

治理人民，敬奉天地，
没有比谦虚谨慎、俭朴节约更重要的了。

只有谦虚谨慎、勤俭节约,
才是真正的早早服从大道。
早早的服从大道是重视积攒福德,
重视积攒福德就没有战胜不了的。
没有战胜不了的,就没有人知道他的边界在哪里,
不知道其边界,深不可测,就可以治理一个国家。
治理一个国家的根本在于使国家长治久安,长长久久。
这就是加强根本、巩固基础,
这才是长久生存的根本之道。

解读

治理国家、管理人民、敬奉天地,要谦虚谨慎、俭朴节约、爱惜民力、休养生息。只有谦虚谨慎、俭朴节约,才是真正的服从大道。早早地服从大道是重视积攒福德,重视积攒福德则攻无不克,攻无不克则没有人知道其能力的边界和极限在哪里。没有人可以探明其能力的极限和边界,就让人感觉深不可测,这样就可以治理一个国家。管理人民要爱惜民力,敬畏民意,无为而治,切莫折腾老百姓,劳民伤财的事情不做或少做。

治国的根本是长治久安。一个国家活得久才是王道,有多少文明古国湮没在历史的风云里,无影无踪。根基深厚、基础牢固,这是一个国家长久生存、源远流长的根本之道。

参考文献

[1] 老子. 道德经 [M]. 《小墨香书》编委会,编. 长沙:湖南美术出版社,2011.

[2] 陆玉林. 道德经精粹解读 [M]. 北京:中华书局,2001.

[3] 陈怡,程钢. 《老子》《论语》今读 [M]. 北京:高等教育出版社,2003.

第六十章　治大国若烹小鲜

原文

治大国,
若烹小鲜。
以道莅天下,
其鬼不神。
非其鬼不神,
其神不伤人。
非其神不伤人,
圣人亦不伤人。
夫两不相伤,
故德交归焉。

译文

治理一个大国,
就像烹制小鱼。
用道来治理天下,

鬼怪妖邪都不会显灵。
不是鬼怪妖邪都不显灵，
其实他们显灵也不伤人。
遵循大道，鬼怪也不伤人，
圣人也不伤人。
两者都不伤人，
人民就能够享受到德治的恩泽了。

解读

"治大国若烹小鲜"，治理大国就像翻炒小鱼，翻炒不能太过频繁，否则小鱼就会被炒烂。统治者管理老百姓也是如此，无为而治，顺其自然，不折腾，不做劳民伤财的事。顺其自然，遵循天地大道，以天地自然规律来治理国家，连鬼怪妖邪也不显灵伤人。

治国遵循大道，天地人和，鬼神不伤，风调雨顺，国泰民安，人民自然享受到君主统治的恩泽。

参考文献

[1] 老子. 道德经［M］.《小墨香书》编委会，编. 长沙：湖南美术出版社，2011.

[2] 陆玉林. 道德经精粹解读［M］. 北京：中华书局，2001.

[3] 陈怡，程钢.《老子》《论语》今读［M］. 北京：高等教育出版社，2003.

第六十一章　大者宜为下

原文

大国者下流也,
天下之牝,
天下之交。
牝常以静胜牡,
以静为下。
故大国以下小国,
则取小国;
小国以下大国,
则取大国。
故或下以取,
或下而取。
大国不过欲兼畜人,
小国不过欲入事人。
夫两者各得其所欲,
大者宜为下。

第六十一章 大者宜为下

译文

国际交往中，大国宜处于江河之下游，虚怀若谷。
天下万事万物最具母性慈柔之地，
是天下四面八方汇合交融之处。
雌性总是用安静柔和战胜雄性，
安静地身处谦卑地位。
所以大国谦诚地对待小国，
就可以征服小国；
小国谦卑地对待大国，
就可以取悦于大国。
所以有的时候因谦卑而获得信服，
有的时候因谦卑而获取欢心。
大国不过是要聚拢庇护小国，
小国不过是要加盟寻求庇护于大国。
两者各取所需，各得其所，
大国宜保持谦虚姿态。

解读

大国者下流。国际交往中，大国和小国之间，大国要姿态谦虚，像江河之下游，虚怀若谷，海纳百川，承接容纳四面八方之融合与交汇。要用安静柔和解决世上各种纷争和勇猛，从容不迫，宠辱不惊。

大国越谦逊，越能令小国心服口服；小国越谦逊，越能令大国心生欢喜。所以，国际交往中，国与国之间，有的以谦卑而获得自愿追随，有的以谦卑而获得真心庇护。大国不过是想要聚拢兼蓄庇护小国，小国不过是想加入寻求庇护于大国，二者各取所需，各得其所。在此过程中，大国应态度谦逊。

参考文献

[1] 老子. 道德经［M］.《小墨香书》编委会，编. 长沙：湖南美术出版社，2011.

[2] 陆玉林. 道德经精粹解读［M］. 北京：中华书局，2001.

[3] 陈怡，程钢.《老子》《论语》今读［M］. 北京：高等教育出版社，2003.

[4] 老子. 道德经［M］. 张景，张松辉，译注. 中华书局，2024.

第六十二章　道者万物之奥

原文

道者,
万物之奥,
善人之宝,
不善人之所保。
美言可以市尊,
美行可以加人。
人之不善,
何弃之有?
故立天子,
置三公,
虽有拱璧以先驷马,
不如坐进此道。
古之贵此道者何?
不曰：以求得,
有罪以免邪?
故为天下贵。

> **译文**

道是天地万物运行的规律,
是万事万物发展变化的奥秘和密码,
是善良之人的法宝,
也是奸诈之人的护身符。
美好的言辞可以买到尊贵,
美好的行为可以得到别人的敬重。
一个人如果不善良,
有什么可以抛弃的呢?
人间所以拥立天子,
设置三公等位高权重的官衔,
坐拥双手奉上的玉璧,
以四匹骏马尾随身后的礼遇,
不如静坐修道,日日精进。
古人为什么重视修道?
不就是因为拥有道,就可以有求可得,
有罪可免吗?
因此,道才成为天下最尊贵的存在。

> **解读**

虽有侯门富贵,不如天道加身。真正的富贵,权力无法赐予,金钱无法购买,枪炮无法强夺,名利无法护佑。真正的富贵,来自世代人心对一个人公正的评价。德高配天,与天地齐寿,与天地并立不朽,所以才会成为世世代代人民学习、传颂、景仰的榜样和典范,如老子、孔子、孟子、诸葛亮。

泱泱华夏，五千年文明史，能有多少达官显贵、多少侯门贵胄在历史的长河中留下名声，世世代代为人所传颂、纪念、缅怀的寥若星辰，大多数像水中的泡沫，消失在历史的长河中。正因如此，古往今来，多少读书人害怕辜负生而为人这一生，秉持"为天地立心，为生民立命，为往圣继绝学，为万世开太平"，锚定"立德、立功、立言"三件大事，希望度过有意义的人生，获得与天道同在的尊贵。

道为天下之尊。"道者，万物之奥"，道为天下最为尊贵，遵循天地之道的人生也是尊贵的。道是天地之间万事万物运动发展的密码，遵循天道的言辞是美好的，遵循天道的行为也是美好的，美好的言行是令人尊敬的，日积月累的美好就是尊贵。遵循天道，虎狼不伤，鬼神不欺，自然可以成为善人和不善之人的护身之宝。一个人不遵循天道，不道不德不善，已经失去了天地之间最珍贵的东西，一个人自弃于天地，还有什么可抛弃的呢？

正因为道之尊贵，所以老子说，拱璧驷马，"不如坐进此道"，权钱名利，好则好矣，然而侯门富贵，不如天道加身。

参考文献

[1] 老子. 道德经[M].《小墨香书》编委会，编. 长沙：湖南美术出版社，2011.

[2] 陆玉林. 道德经精粹解读[M]. 北京：中华书局，2001.

[3] 陈怡，程钢.《老子》《论语》今读[M]. 北京：高等教育出版社，2003.

第六十三章　图难于其易

原文

为无为,
事无事,
味无味。
大小多少。
报怨以德。
图难于其易,
为大于其细。
天下难事,必作于易;
天下大事,必作于细。
是以圣人终不为大,
故能成其大。
夫轻诺必寡信,
多易必多难,
是以圣人犹难之,
故终无难。

第六十三章　图难于其易

译文

做顺其自然的事，无为而治，
以无事为做事的最高境界，
以寡淡自然为味道的最佳状态。
大以小为本，多以少为根。
用恩德来回报仇怨。
谋求困难的解决，要从容易处入手；
筹划大功之告成，要从细微处着手，
天下的难事，一定从容易处开始；
天下的大事，一定从细微处起步。
因此，圣人初始并未想成就伟业，
最终却能成就伟大。
轻易许诺，必然寡淡于守信；
多挑选容易的事做，反而遭遇的困难越多。
由于圣人做事，总是把事情想得很难，
因此始终没有什么难事。

解读

事物发展遵循辩证法。为与无为、事与无事、味与无味、大与小、多与少、怨与德、难与易、大与细，老子用几组相反相成、对立统一的概念，描述了世间万事万物发展、变化、运动的两点、两极、两面。

事物从小到大、从少到多、从易到难、从微到巨，体现了事物发展变化不同阶段的存在状态，这是一个由量的变化、量的积累，历经日积月累、积微成著、积土成山、积水成河、水滴石穿、绳锯木断，最终引发巨变的过程。

圣人正是因为了解万事万物发展变化的规律，知道难易之间相互转化的特点，因此做事情总是把困难想在前头，往最坏处打算，往最好处努力，慎终如始、如履薄冰、步步为营，最终反而没有特别困难的事情。凡是值得做的事，都值得做好。正因为圣人慎微慎始慎终，所以才能成就伟大与不朽。

参考文献

[1] 老子. 道德经 [M].《小墨香书》编委会，编. 长沙：湖南美术出版社，2011.

[2] 陆玉林. 道德经精粹解读 [M]. 北京：中华书局，2001.

[3] 陈怡，程钢.《老子》《论语》今读 [M]. 北京：高等教育出版社，2003.

第六十四章　慎终如始

原文

其安易持，
其未兆易谋。
其脆易泮，
其微易散。
为之于未有，
治之于未乱。
合抱之木，生于毫末；
九层之台，起于累土；
千里之行，始于足下。
为者败之，执者失之。
是以圣人无为，故无败，
无执，故无失。
民之从事，
常于几成而败之。
慎终如始，则无败事。
是以圣人欲不欲，

不贵难得之货；

学不学，复众人之所过，

以辅万物之自然而不敢为。

译文

事态安定时容易保持，

没有征兆和苗头时容易谋划，

脆弱时容易被分解，

微小的时候容易消散。

在隐患没有发生时，就提前做好准备，防患于未然；

秩序混乱之前，就要治理好社会。

双手合抱的大树，是从细嫩的幼苗长成的；

九层的高台，是从一堆一堆的土垒成的；

驰骋千里的行程，是从脚下开始迈出的。

妄自作为，勉强而为，容易失败；

执迷不悟，固执己见，容易失去。

圣人顺其自然，无为而治，所以没有失败；

没有偏执、固执、执迷，就没有失误。

老百姓做事常常功败垂成。

慎重对待结尾，就像慎重对待开始一样，就不会失去。

因此，圣人以无欲无求为自己的追求，

不以稀奇的货物为珍贵；

学习众人不学的根本大道，纠正众人的过失，

以顺应万事万物的自然规律，

不妄自作为，不勉强行事。

第六十四章 慎终如始

> **解读**

老子用安、未兆、脆、微、未有、未乱，描述了事物发展的几种状态及其实践应对之法。"其安易持，其未兆易谋，其脆易泮，其微易散，为之于未有，治之于未乱"，是说事物安定时容易保持，没有征兆和苗头时容易谋划，脆弱时容易被攻破，微小时容易消散，隐患没有发生时，就要提前做好防范；秩序没有混乱时，就要提前做好治理。

老子用合抱之木、九层之台、千里之行，举例说明事物由小到大、由少到多、由微到巨、由细到粗、由低到高、由近及远、由执到空的发展历程。双手合抱的树木是从细嫩的树苗长成的。九层的高台是由一堆一堆的土垒成的，驰骋千里的行程是从脚下的每一步开始的，这是事物发展的根本规律。不遵循规律，妄自作为，不懂得顺其自然，就会失败。执迷不悟，不懂得迷途知返，就会失去。

圣人无为而治，顺其自然，所以不会失败。圣人不固执己见，不执迷不悟，所以不会失去。老百姓做事常常是几乎快要成功了，却功败垂成。谨慎地对待结束，像对待开始一般慎重，就不会失败。因此，圣人以寡淡素朴为自己的人生追求，不以稀奇之物为贵，学习众人不愿学习的天地大道，纠正众人的过失，以顺应万事万物发展的自然规律为自己的根本遵循，而不敢妄自作为。

参考文献

[1] 老子. 道德经 [M].《小墨香书》编委会，编. 长沙：湖南美术出版社，2011.
[2] 陆玉林. 道德经精粹解读 [M]. 北京：中华书局，2001.
[3] 陈怡，程钢.《老子》《论语》今读 [M]. 北京：高等教育出版社，2003.

第六十五章　不以智治国

原文

古之善为道者，
非以明民，将以愚之。
民之难治，以其智多。
故以智治国，国之贼；
不以智治国，国之福。
知此两者，亦楷式。
常知楷式，是谓玄德。
玄德深矣，远矣，与物反矣，
然后乃至大顺。

译文

古代善于遵循天道治理国家的人，
不是让老百姓变得聪明智慧，
而是让他们变得混沌朴实。
民众之所以难以治理，

是因为他们的谋略太多了。
用聪明机巧治理国家，是国家的盗贼；
不以聪明机巧治理国家，是国家的福报。
知道这两条，就是明白了治国的法则。
永远铭记并遵循这两条法则，就是最深厚的道德。
玄德幽深而广博，与实际可见的事物正好相反，
只有这样，才能达到完全符合自然规律的境界。

解读

治国之道，为天下浑其心。圣人治理国家，"非以明民，将以愚之"，不是让老百姓变得聪明机巧、博闻多知，而是让老百姓回归敦厚淳朴、天真自然的状态。民众之所以难以治理，就是因为聪明机巧、智谋太多，尔虞我诈、钩心斗角。因此，用聪明机巧治理国家，是国之祸害；用规律和道治理国家，是国之幸福。知道这两者，就是知道治理国家的法则，铭记并遵循这些法则，就是最深厚广博的德行。玄德幽深广博，无穷无尽，与实际看到的物体正好相反，只有这样，才能达到完全符合自然规律的最高境界。

天之道远高于人之智。人之"智"是人类主观世界构建并形成的处理人与自然、人与社会、人与人之间关系的经验总结和智慧结晶，其来源是天之道，道即客观世界万事万物发展的自然规律。人类最高的智慧是"人法地，地法天，天法道，道法自然"，而不是自以为是，要用人类几百年、几千年总结的谋略、经验、技巧来治理国家。天之道是本，人之智是末；天之道是根，人之智是枝；天之道是源，人之智是流。人类几千年尺度的智慧在大自然亿万年尺度的规律面前微不足道。

正因如此，"圣人在天下歙歙焉，为天下浑其心"，顺其自然、无为而治才是最高境界。人类的智慧在大自然的规律面前是渺小的，人类要有这种谦卑和清醒。

参考文献

[1] 老子. 道德经 [M].《小墨香书》编委会，编. 长沙：湖南美术出版社，2011.

[2] 陆玉林. 道德经精粹解读 [M]. 北京：中华书局，2001.

[3] 陈怡，程钢.《老子》《论语》今读 [M]. 北京：高等教育出版社，2003.

第六十六章　百谷王者

> **原文**

江海所以能为百谷王者，
以其善下之，
故能为百谷王。
是以圣人欲上民，
必以其言下之；
欲先民，
必以身后之。
是以圣人处上而民不重，
处前而民不害。
是以天下乐推而不厌。
以其不争，
故天下莫能与之争。

> **译文**

江海所以能成为百谷之王，

是因为江海愿意处在最低处,
所以能成为百谷之王。
因此,圣人想要统领人民,
必须言辞上对人民谦卑;
想要领导人民,
必须先把自己放到最后面。
因此,圣人处在领导的高位,位居人上,人民却没有压迫感,
圣人处在最前方,号令天下,民众却不迫害他,
天下百姓都推崇他、拥戴他而不厌烦。
因为圣人不争,所以天下没有谁能与之相争。

解读

水低为海,人低为王。老子以江海为例,论证王道的底层逻辑:百川归海、万民朝圣,是心甘情愿、心悦诚服、自觉自愿地追随、服从与向往。

江海成为百谷之王,是因为江海善于处于山川峡谷之下,收纳四面八方的涓涓溪流,最终海纳百川,蔚为大观,成就汪洋大海的辽阔与浩瀚。

圣人如海,圣人在言语上谦让人民,在名利上不争不抢、甘居人后,在言行上尊重人民、礼让人民。因此,在圣人的统治领导下,人民心情舒畅,没有压迫感,圣人处在领袖的高位,号令天下,民众没有一点加害之意;相反,天下民众都热爱他、拥护他、爱戴他。

圣人不争,所以天下没有人能与之相争。众望所归的名望,从来不是争来的、抢来的。圣人之所以万民拥戴,一切都是顺其自然、水到渠成的结果。

参考文献

[1] 老子. 道德经 [M].《小墨香书》编委会,编. 长沙:湖南美术出版社,2011.

[2] 陆玉林. 道德经精粹解读 [M]. 北京:中华书局,2001.

[3] 陈怡,程钢.《老子》《论语》今读 [M]. 北京:高等教育出版社,2003.

第六十七章　不敢为天下先

原文

天下皆谓我
道大，似不肖。
夫唯大，
故似不肖。
若肖，
久矣其细也夫！
我有三宝，
持而保之：
一曰慈；二曰俭；三曰不敢为天下先。
慈故能勇；
俭故能广；
不敢为天下先，故能成器长。
今舍慈且勇，
舍俭且广，
舍后且先，
死矣。

夫慈，

以战则胜，

以守则固。

天将救之，

以慈卫之。

译文

天下人都对我说

道很宏大，似乎无法与任何具体事物相比拟。

正是因为道的宏大，

才会与任何具体事物都不像。

如果道像什么具体的物体，

其作用就显得渺小了。

我有三件法宝，

小心持有视若珍宝：

一是慈爱，二是节俭，三是谦让。

慈爱所以能够勇敢；

节俭所以能够广饶；

不敢居于众人的前面，谦以待人，所以能够成为众人的领袖。

现在舍弃慈爱，只要勇敢；

舍弃节俭，只要广饶；

舍弃谦让，只要争先；

必死无疑。

慈爱用于攻占就会取胜，

用于防守就会巩固。

天道要救助一个人，

就用慈爱来守卫他。

第六十七章 不敢为天下先

解读

道是天地间万事万物发展的根本规律，蕴含于具体事物发展变化过程中，看不见、摸不着，无形无相无声无色无味。"器"是天地间有形有相有声有色有味的具体存在，表现为千姿百态的各种具体事物，看得见，摸得着。道存在于各种器物中，"器"是道的现实载体。

得道之人，所言所行符合天道，有三个特征：一是慈，二是俭，三是谦。老子说，"我有三宝，一曰慈，二曰俭，三曰不敢为天下先"。老子进一步解释了为什么慈、俭、谦是符合道的三件法宝，慈爱所以能够勇敢；节俭所以能够广饶丰裕；不敢为天下先，不争强好胜、不争名夺利，所以能够成为人中的领袖。在现实生活中，经常看到为母则刚、慈能生勇的故事。勤俭之家因节俭而积丰，因积丰而宽裕，从容应对各种经济危机。社会人群中，谦以待人，不争强好胜，不争名夺利，可以收获人心和口碑，从而成为众人公推之领袖。

失道者，就是舍弃了慈、俭、谦三件法宝的人。舍弃了慈爱只要勇敢，舍弃了节俭只要富饶，舍弃了谦让只要领先，最终勇敢、富饶、领先也会慢慢失去，成为无本之木、无源之水，最终烟消云散。因此，天道要救一个人，会用慈爱来守卫他。柔和慈爱用于进攻则无坚不克，用于防守则坚不可摧，是一个人护身的法宝。

参考文献

[1] 老子. 道德经 [M].《小墨香书》编委会，编. 长沙：湖南美术出版社，2011.

[2] 陆玉林. 道德经精粹解读 [M]. 北京：中华书局，2001.

[3] 陈怡，程钢.《老子》《论语》今读 [M]. 北京：高等教育出版社，2003.

第六十八章　不争之德

原文

善为士者不武,
善战者不怒,
善胜敌者不与,
善用人者为下。
是谓不争之德,
是谓用人之力,
是谓配天,
古之极。

译文

善于做将帅的人,不逞武勇;
善于作战的人,不轻易动怒;
善于战胜敌人的人,不与争锋;
善于用人的人,为人谦恭。
这就是不与人争的德性,

这就是运用别人的力量,

这就是符合天道,

这是古代最为高明的境界。

解读

"无为"在军事领域中表现为不争之德。老子用不武、不怒、不与、为下,说明了一个将帅在斗争中面对敌人不逞勇、不动怒、不争斗、尚谦恭,才能运筹帷幄,决胜于千里之外,从而善战善胜、善用人、善为士,最终取得预期目标。

"上兵伐谋"善战善胜的秘密就是不武、不怒、不与、为下,这是不争之德,是善于发挥他人力量的关键,也是顺其自然,符合天道,不战而屈人之兵的最高境界。

参考文献

[1] 老子. 道德经 [M].《小墨香书》编委会,编. 长沙:湖南美术出版社,2011.

[2] 陆玉林. 道德经精粹解读 [M]. 北京:中华书局,2001.

[3] 陈怡,程钢.《老子》《论语》今读 [M]. 北京:高等教育出版社,2003.

第六十九章 哀者胜矣

原文

用兵有言：
吾不敢为主而为客，
不敢进寸而退尺。
是谓行无行，
攘无臂，
仍无敌，
执无兵。
祸莫大于轻敌，
轻敌几丧吾宝。
故抗兵相加，
哀者胜矣。

译文

带兵打仗的人说：
我不敢主动进攻，只是被动防御；

不敢进攻一寸，而宁愿退后一尺。
这是善于行动的人没有行动的痕迹，
善于推搡抵抗的人仿佛没有手臂，
善于带兵的人仿佛没有兵马，
善于对抗的人仿佛没有敌人。
祸患没有比轻敌更可怕，
轻敌几乎丧失我的法宝。
率兵交战，相互对抗，实力相当，
哀伤悲愤的一方取胜。

解读

一时之胜在力，千古之胜在义。正义必胜。中国军事家说师出有名，哀兵必胜，讲的是战争必须是为了捍卫正义、保家卫国、解救危难，才能振奋士气、凝聚军心、同仇敌忾，激发军人的必胜意志和决心，为正义而战，战必胜。老子说，"吾不敢为主而为客，不敢进寸而退尺"，这是深谙战争胜败的规律：恃强凌弱、侵略者必败，保家卫国、奋起抗争者必胜。所以中国古人说，骄兵必败，哀兵必胜，霸权必败，王道必胜。

善战善胜者有"道"。真正善于行动的人，没有行动的痕迹；善于推搡抵抗的人，仿佛没有手臂；善于带兵的人，仿佛没有兵马；善于对抗的人，仿佛没有敌人。合乎道的行为，仿佛是无所作为、顺其自然的。祸患没有比轻敌更可怕，因为轻敌意味着丧失了我的三件法宝：一曰慈，二曰俭，三曰谦（不敢为天下先）。慈、俭、谦是合乎道的三个特征，丢失了这三件法宝，就背离了道；背离了道，必将失败。所以"抗兵相加，哀者胜矣"，两军交战，实力相当，心怀慈、俭、谦，为正义、为家园而战者必胜。

参考文献

[1] 老子. 道德经 [M]. 《小墨香书》编委会,编. 长沙:湖南美术出版社,2011.

[2] 陆玉林. 道德经精粹解读 [M]. 北京:中华书局,2001.

[3] 陈怡,程钢. 《老子》《论语》今读 [M]. 北京:高等教育出版社,2003.

第七十章　则我者贵

原文

吾言甚易知,
甚易行。
天下莫能知,
莫能行。
言有宗,
事有君。
夫唯无知,
是以不我知。
知我者希,
则我者贵。
是以圣人被褐而怀玉。

译文

我的话很容易明白,
很容易做到。

但是天下没有人能真正理解，
没有人能真正做到。
言论要有主旨，
办事要有依据。
人们之所以不了解我，
是因为我的不争之说。
知道理解我的人稀少，
效仿跟随我的人更加罕见。
因此，圣人身披粗布麻衣，怀揣稀世美玉。

解读

大道至简。道说出来很简单，通俗易懂，众人很容易明白，也很容易做到。但纵观历史及芸芸众生，却很少有人能真正理解，真正做到。

天地大道言简而意深。道是天地之间万事万物发展的根本规律，在具体领域、具体事物、具体时间、具体空间又有具体表现。为此，中国古人用周易表达某一事物在特定时空中的特定状态。人类的知识必须与时俱进、动态调整，才能全面、真实、客观反映某一事物在不同时空中的不同状态，进而制订出有针对性的行动方案。在变换的世界面前，刻舟求剑不可行，故步自封不可行，僵化固执更不可信。这就是一个人一时一刻知行合乎于道，容易；但纵其一生，每时每刻知行皆合于道，几乎没有。

知我者希，则我者贵。世人知道老子的人少，是因为老子的不争之说。理解老子的人很稀少，效仿老子的人更是罕见。因此，圣人总是身穿粗布麻衣，怀揣稀世美玉。

参考文献

[1] 老子. 道德经 [M]. 《小墨香书》编委会, 编. 长沙：湖南美术出版社, 2011.
[2] 陆玉林. 道德经精粹解读 [M]. 北京：中华书局, 2001.

第七十一章　知不知上

原文

知不知,上;
不知知,病。
夫唯病病,
是以不病。
圣人不病,
以其病病,
是以不病。

译文

知道自己不知道是最好,
不知道却假装知道是缺点。
只有以不懂装懂为缺点的人,
才不会有不懂装懂的毛病。
圣人之所以没有毛病,
是因为他实事求是,以不懂装懂为缺点,

所以没有缺点。

解读

人类在茫茫宇宙面前，永远是无知的。学海无涯，人生苦短。大道至简，但化作万事万物发展变化的规律，却是纷繁复杂的。敬畏自然，敬畏天地，敬畏人生，在一个人有限的生命中，只能探索宇宙一小部分的真理。即使是古往今来科学家所穷尽的也只是宇宙科学宝藏的一角；即使是地球上有人类文明历史以来的全部人类知识，所穷尽的也只是宇宙全部奥秘的一小部分。浩瀚的宇宙有太多人类还不知道的秘密。

尤其在当今科学飞速发展、学科体系日益精细的时代，数学、物理、化学、生物、医学、历史、地理、政治、艺术等学科新知识层出不穷。个体无法穷尽人类自己探索形成的知识宝库，更何况还有人类未曾探索、未曾知晓的未知世界呢？所以老子说，"知不知，上；不知知，病"，知道自己不知道，最好，永远有敬畏心、谦虚谨慎，有自知之明。不知道却装作知道，不懂装懂是最大的缺点，骄傲自满会堵塞人类求知上进的道路，成为一个原地踏步的人，所以是最大的缺点。

圣人之所以是圣人，是因为虚怀若谷，海纳百川，谦虚谨慎。"以其病病，是以不病"，圣人知道自己还有很多不知道的知识，发自内心的谦虚与学习，日日精进，月月积累，终身学习，成为世人高山仰止、景行行止的榜样。

参考文献

[1] 老子. 道德经 [M].《小墨香书》编委会，编. 长沙：湖南美术出版社，2011.
[2] 陆玉林. 道德经精粹解读 [M]. 北京：中华书局，2001.

第七十二章　自爱敬民

原文

民不畏威，
则大威至矣。
无狭其所居，
无厌其所生。
夫唯不厌，
是以不厌。
是以圣人自知不自见，
自爱不自贵，
故去彼取此。

译文

当老百姓不再惧怕威压，
大的祸乱将要发生。
不要逼仄老百姓的生存空间，
不要让老百姓生无可恋。

只要老百姓心怀希望，

就不会厌恶君主的统治。

因此，圣人有自知之明而不自我彰显，

自爱而不自以为高贵，

因此，舍弃前者，撷取后者。

解读

统治者治国安邦、管理百姓要宽严相济、松弛有度、恩威并施。君主统治百姓不要过于严苛，物极必反，当老百姓被压迫到无立足之地，生无可恋，不再惧怕任何的打压时，社会大的祸乱就不远了。所以，明智的君主不去逼仄民众的生存空间，不把老百姓逼到厌恶生活、厌倦生存的地步。只要老百姓不厌恶生活，心中还有一丝生活的希望，人们就不会厌恶君主的统治。因此，圣人有自知之明，明白君主和民众之间相互依存、相互统一、相互成就的关系。"高以下为基，贵以贱为本"，君主的尊贵和权位，来自人民的服从、认可和尊奉。"水可载舟，亦可覆舟"，当民众揭竿而起，君主在民众眼中也就不再是君主，历史上的朝代更迭已经证明了这一点。

参考文献

[1] 老子. 道德经 [M].《小墨香书》编委会，编. 长沙：湖南美术出版社，2011.

[2] 陆玉林. 道德经精粹解读 [M]. 北京：中华书局，2001.

[3] 陈怡，程钢.《老子》《论语》今读 [M]. 北京：高等教育出版社，2003.

第七十三章　天道不争

原文

勇于敢则杀,
勇于不敢则活。
此两者,或利或害,
天之所恶,
孰知其故?
是以圣人犹难之。
天之道,
不争而善胜,
不言而善应,
不召而自来,
繟然而善谋。
天网恢恢,
疏而不失。

> 译文

勇于贸然行事，就会灭亡；

勇于柔弱处下，就会存活。

这两者或者有利，或者有害，

上天所厌恶的事情，

谁能知道其中的缘故呢？

因此，圣人也很难把握。

天地之间的自然规律，

不争而善于胜利，

沉默不言而善于回应，

不待召唤自然而来，

胸怀坦荡，善于谋划。

天网广阔无边，宽疏却不会漏失什么。

> 解读

人类社会充满了辩证法，相反相成、对立统一。在人类军事战争中，人们常说一句话，"狭路相逢勇者胜"，这是指两军对垒，置于死地而后生、视死如归、无所畏惧的一方往往能胜利。但是在社会生活的战场上，老子却提醒人们"勇于敢则杀，勇于不敢则活"，勇于贸然行事、逞匹夫之勇，就会灭亡；勇于不敢冒险、柔弱守静、保存力量、韬光养晦，就会存活。军事战场上，每场都是生死决战。社会战场是场持久战，需要从长计量。

因此，敢与不敢、杀与活、利与害，二者之间的因果关系，因场合不同，结果也会不同。何时要"敢"，何时要"不敢"，一切视具体情况而定。老天厌恶的事情，没有人知道其中的缘由。就是圣人也很难把握天道规律在具体时空中的具体表现。

天道不争。天道的特点是"不争而善胜，不言而善应，不招而自来，绰然而善谋。天网恢恢，疏而不失"，不争却善于胜利，沉默不言却善于回应，不待召唤却自然而来，心怀坦荡善于谋划，天网广阔无边，宽疏却从不漏失什么。

参考文献

[1] 老子. 道德经［M］.《小墨香书》编委会，编. 长沙：湖南美术出版社，2011.

[2] 陆玉林. 道德经精粹解读［M］. 北京：中华书局，2001.

[3] 陈怡，程钢.《老子》《论语》今读［M］. 北京：高等教育出版社，2003.

第七十四章　民不畏死

原文

民不畏死，
奈何以死惧之？
若使民常畏死，
而为奇者，
我得执而杀之，
孰敢？
常有司杀者杀。
夫代司杀者杀，
是代大匠斫。
夫代大匠斫者，
希有不伤其手者矣。

译文

老百姓不畏惧死亡，
用死亡来威胁他们有什么用呢？

第七十四章　民不畏死

如果民众害怕死亡，
为非作歹的人，
我将把他们抓起来杀掉，
还有谁敢做坏事呢？
天地之间，通常有掌管生杀大权的人
代替那些掌管生杀大权的人发号施令，
就如同代替砍伐大树的大工匠砍树，
代替大工匠砍树的人，
很少有不伤到自己手的。

解读

治国理政慎用苛政高压。物极必反，中国有句俗话说，"兔子急了咬人，狗急了跳墙"，中国古语所揭示的社会人性规律是科学的，当民众被逼到忍无可忍，生无可恋时，或自杀或杀人，或甘做奴隶或揭竿而起，古今中外的历史莫不如此。所以治国理政、统治人民，要懂得尊重、爱护人民。君主之所以是君主，是因为有服从和跟随他的子民，没有了千千万万老百姓的拥护、跟随和支持，君主孤家寡人一个、单枪匹马，就是有天大的本事，也不可能一人成国。

君与臣、王与民是辩证统一的，没有臣民也就没有君王。"民为国本"，所以，明智的君主都自谦"孤""寡人"。历史上的明君都懂得尊民、敬民、亲民、爱民。治理国家，管理民众，要宽严相济，恩威并施。不可只重一端，过于宽松自由不可行，过于严苛高压也不可行，酷刑苛政、压迫过重如弹簧，在压力释放的那一刻，反弹力极强。

老子说，"民不畏死，奈何以死惧之"，酷刑暴政，乱臣贼子，当民众不惧怕死亡时，死罪的刑罚对他们毫无威慑力。此时，社会秩序的底线就快崩溃了。因此，老子说，"民不畏威，大威至矣"，老百姓死都不怕了，还怕什么死罪的震慑和威严？社会的大祸乱就为期不远了。为了使老百姓害怕死亡，那些为非作歹、兴风作浪的人，我将把他们抓起来杀掉，看谁还敢做坏事。

　　人间有掌管生杀大权的人，天地之间也有一种生死存亡的机制，善有善报，恶有恶报，不必越俎代庖、替天行道，天网恢恢，疏而不失。中国有句古话说，天道好轮回，苍天饶过谁。孟子说，"君子之泽，五世而斩"，积善之家必有余庆，积不善之家必有余殃。

参考文献

［1］老子. 道德经［M］.《小墨香书》编委会，编. 长沙：湖南美术出版社，2011.

［2］陆玉林. 道德经精粹解读［M］. 北京：中华书局，2001.

［3］陈怡，程钢.《老子》《论语》今读［M］. 北京：高等教育出版社，2003.

第七十五章　利民富民

原文

民之饥,
以其上食税之多,
是以饥。
民之难治,
以其上之有为,
是以难治。
民之轻死,
以其上求生之厚,
是以轻死。
夫唯无以生为者,
是贤于贵生。

译文

老百姓的饥饿,
是因为统治者收税太多,

因此才有饥荒。
老百姓之所以难以治理，
是因为统治者苛政酷法、民怨载道，
因此难以治理。
老百姓之所以轻视死亡，
是因为统治者贪求太多，压榨过重，
所以老百姓才敢冒死犯上。
不追求生活享受的人，
比重视生活享受的人更为贤明。

解读

治国理政要重视民生。老子说，"民之饥""民之难治""民之轻死"，是由于"上食税之多""上之有为""上求生之厚"，也就是说，老百姓的饥荒，老百姓难以治理，老百姓轻视死亡，多是由于统治者税赋太多、酷刑苛政、压榨过重，导致老百姓饿殍遍野、怨声载道，最后忍无可忍、揭竿而起、天下大乱，历史进入朝代更迭的通道。几千年的朝代更替几乎都是这个原因。

所以新朝初建，多是休养生息、薄赋轻徭，让老百姓的劳动成果能够回归自己的生活，实现温饱乃至小康。历史上的盛世都是富民政策的结果，历史上的明君都懂得尊民、敬民、亲民、爱民，进而利民富民，上下同乐，社会一派和谐景象。重视民生、让利于民是国家治理的根基。

参考文献

[1] 老子. 道德经 [M].《小墨香书》编委会，编. 长沙：湖南美术出版社，2011.

[2] 陆玉林. 道德经精粹解读 [M]. 北京：中华书局，2001.

[3] 陈怡，程钢.《老子》《论语》今读 [M]. 北京：高等教育出版社，2003.

第七十六章　柔弱者生

原文

人之生也柔弱，
其死也坚强；
草木之生也柔脆，
其死也枯槁。
故坚强者死之徒，
柔弱者生之徒。
是以兵强则灭，
木强则折。
强大处下，
柔弱处上。

译文

人活着的时候身体是柔软的，
人死去的时候身体是僵硬的；
草木活着的时候茎杆是柔软的，

草木死去的时候茎杆是干枯的。
所以，僵硬刚强是死亡的象征，
柔软弱小是生机的特征。
因此，军队过于强悍则灭亡，
树木过于强盛则被砍伐。
强大者谦下，
柔弱者居上。

解读

柔弱者生。老子用人与草木讲述了生死、强弱相互转化、相反相成的辩证法。老子用"万物负阴而抱阳，冲气以为和"概括了万事万物阴阳两面对立统一、相互转化、相反相成的规律。"反者道之动，弱者道之用""守柔曰强"，遵循规律，合于大道，则会取得成功。

怎样遵循规律行事呢？老子用"曲则全""天下之至柔驰骋天下之至坚""牝常以静胜牡，以静为下""故大国以下小国，则取小国""江海所以能为百谷王者，以其善下之""圣人欲上民，必以言下之，欲先民必以身后之""勇于不敢则活"等情形，用"曲""柔""静""下""弱""不敢"等词来强调柔弱是道发挥作用的方式和取得胜利的开端。

所以老子说，人活着的时候身体是柔软的，死去的时候身体是僵硬的；草木活着的时候茎杆是柔软的，死去的时候茎杆是干枯的。所以僵硬刚强是死亡的特征，柔软弱小是生命初长、生机勃勃的特征。同理，"国虽大，好战必亡"，军队过于强悍、穷兵黩武则灭亡，树木过于强盛则被砍伐。强大者处下，柔弱者居上，这是符合天道的处事方式。

参考文献

[1] 老子. 道德经[M].《小墨香书》编委会，编. 长沙：湖南美术出版社，2011.

[2] 陆玉林. 道德经精粹解读[M]. 北京：中华书局，2001.

[3] 陈怡，程钢.《老子》《论语》今读[M]. 北京：高等教育出版社，2003.

第七十七章　损有余而补不足

原文

天之道,
其犹张弓乎?
高者抑之,
下者举之,
有余者损之,
不足者与之。
天之道,
损有余而补不足;
人之道则不然,
损不足以奉有余。
孰能有余以奉天下?
唯有道者。
是以圣人为而不恃,
功成而不处,
其不欲见贤也。

> 译文

天道不就像搭弓射箭一样吗？
高的压低一些，
低的抬高一些，
力度太大的减少一些，
力度不足的增加一些。
天地之间的自然规律，
减损多余的，增补不足的。
人类社会的规律却与之不同，
减损不足的以补给多余的，
谁能够减损富余的以奉养天下呢？
只有得道的圣人。
因此，圣人有所作为而不自恃有功，
大功告成而不据为己有，
圣人不想彰显自己的功德。

> 解读

天道是宇宙自然规律，人道是人类社会的规律。老子认为天道"损有余而补不足""高者抑之，下者举之"。用高与下、抑与举、有余与不足、损与补四对概念，说明天道是寻求高与下之间的平衡、有余与不足之间的均匀。与之相对比，老子认为人道与天道相反，是"损不足以奉有余"，只有圣人通晓天地自然规律，并把天道贯通到人类社会：减损富余的以奉养天下。所以圣人有所作为而不自恃有功，大功告成而不据为己有，圣人不想彰显、炫耀自己的功德。

参考文献

[1] 老子. 道德经 [M]. 《小墨香书》编委会, 编. 长沙：湖南美术出版社, 2011.

[2] 陆玉林. 道德经精粹解读 [M]. 北京：中华书局, 2001.

[3] 陈怡, 程钢. 《老子》《论语》今读 [M]. 北京：高等教育出版社, 2003.

第七十八章 弱之胜强

原文

天下柔弱,
莫过于水,
而攻坚强者,
莫之能胜,
以其无以易之。
弱之胜强,
柔之胜刚,
天下莫不知,
莫能行。
故圣人云:
受国之垢,
是谓社稷主;
受国之不祥,
是谓天下王。
正言若反。

第七十八章 弱之胜强

译文

天下柔弱的事物，
没有超过水的；
但攻克坚强的东西，
没有能胜过水的。
天地之间没有什么能够改变它的，
弱小胜过强大，
柔软胜过刚硬，
天下没有不知道的，
却没有能做到的。
所以圣人说：
承受国家的屈辱，
可以配得上做国家的主人；
承受国家的灾难，
可以配得上做国家的君王。
正理听起来像反话。

解读

王道如水。"上善若水，水善利万物而不争""江海所以能为百谷王者，以其善下之""天下柔弱，莫过于水，而攻坚强者，莫之能胜"。水柔软、处下、包容、不争，却能以"天下之至柔，驰骋天下之至坚""攻坚强者莫之能胜"。这就是天地之间阴阳对立统一、相互转化相反相成的辩证法。

格局有多大，就可以做多少人的王。老子说，"受国之垢，是谓社稷主；受国之不祥，是谓天下王"，能够承担一个国家所有人的屈辱，可以做国家的君主；能够扛住整个国家所有人的灾难，可以做国家的君王。这是正理反着说，反面论证了一个国家的领导者应该有的胸怀、格局与气量。能容得下、扛得住、化解掉所有人的苦难，自然是所有人无可争议的领袖。

参考文献

[1] 老子. 道德经 [M].《小墨香书》编委会，编. 长沙：湖南美术出版社，2011.

[2] 陆玉林. 道德经精粹解读 [M]. 北京：中华书局，2001.

[3] 陈怡，程钢.《老子》《论语》今读 [M]. 北京：高等教育出版社，2003.

第七十九章　天道常与善人

原文

和大怨，
必有余怨；
安可以为善？
是以圣人执左契而不责于人。
故有德司契，
无德司彻。
天道无亲，
常与善人。

译文

化解掉大的仇怨，
必然会残留小的仇怨；
这哪里是做了什么善事？
因此，圣人拿着借据，却不向借债人催债，
所以，让道德高尚的人制定法规、掌管契据，让德行浅薄的人执行法规、掌管税收。

自然规律不偏袒任何人，

常常帮助善良的人。

解读

天道公平。"天道无亲，常与善人"，天道是宇宙之间的自然规律，客观、公正、无私，对所有人一视同仁、平等以待。天道"损有余以补不足"，在高低贵贱贫富之间保持平衡。

君主治理国家应当遵循天道。君主要平等宽容对待所有子民，化解社会矛盾，处理民怨激愤，保持社会情绪的平和理性，维持社会秩序的稳定。"勿以恶小而为之，勿以善小而不为"，勿让小怨积成大怨，因为积怨过深，矛盾就会盘根错节，难以化解，即使化解，也会留有多多少少的各种小怨。所以统治者要及时化解恩怨，平等爱护自己的子民。让道德高尚的人制定法规、掌管契据，让德行浅薄的人执行法规、掌管税收。

参考文献

[1] 老子. 道德经 [M]. 《小墨香书》编委会, 编. 长沙: 湖南美术出版社, 2011.

[2] 陆玉林. 道德经精粹解读 [M]. 北京: 中华书局, 2001.

[3] 陈怡, 程钢. 《老子》《论语》今读 [M]. 北京: 高等教育出版社, 2003.

第八十章　小国寡民

原文

小国寡民，
使有什伯之器而不用，
使民重死而不远徙。
虽有舟舆，
无所乘之；
虽有甲兵，
无所陈之。
使民复结绳而用之。
甘其食，
美其服，
安其居，
乐其俗。
邻国相望，
鸡犬之声相闻，
民至老死不相往来。

> **译文**

国家小，人口少，
即使有数量众多的器具也不使用，
使老百姓重视生死而不愿意向远方迁徙。
虽然有舟船，
却没有用武之地；
虽然有铠甲和兵器，
却没有排兵布阵的场合；
使人们重新以结绳的方式记事。
使人们饮食甘甜，
服装美丽，
居住安逸，
风俗欢乐。
邻国近的相互看得见，
鸡鸣狗叫之声相互听得到，
老百姓直到老死也不互相往来。

> **解读**

老子的理想之国。国家小，人口少，工具数量众多也不使用。老百姓重视生死，不愿背井离乡。虽然有舟船，却无用武之地。虽然有铠甲和兵器，却无排兵布阵的场合。民风淳朴，人们重新结绳记事，人们饮食甘甜，服装美丽，居住安逸，社会民俗，自得其乐。和近邻的国家能够相互看得见，鸡鸣狗叫之声相互听得清楚。彼此生活幸福自足，直到老死也没有相互交往的意愿。

参考文献

[1] 老子. 道德经 [M]. 《小墨香书》编委会, 编. 长沙: 湖南美术出版社, 2011.

[2] 陆玉林. 道德经精粹解读 [M]. 北京: 中华书局, 2001.

[3] 陈怡, 程钢. 《老子》《论语》今读 [M]. 北京: 高等教育出版社, 2003.

[4] 老子. 道德经 [M]. 张景, 张松辉, 译注. 北京: 高等教育出版社, 2024.

第八十一章　为而不争

原文

信言不美，
美言不信；
善者不辩，
辩者不善；
知者不博，
博者不知。
圣人不积，
既以为人，
己愈有；
既以与人，
己愈多。
天之道，
利而不害；
圣人之道，
为而不争。

第八十一章　为而不争

译文

值得信任的话可能不漂亮，
好听的漂亮话可能不可信；
慈悲善良的人不辩驳，
辩驳的人不够慈悲善良；
真正的智者可能不广博，
广博的人可能没有智慧。
圣人不刻意积攒财富，
越是尽力帮助别人；
自己越是富足，
越是尽力给予别人，
自己越是富裕。
自然的规律是，
有利于天下万物而不予伤害；
圣人的原则是，
有所作为却与世无争。

解读

圣人是遵循天道行事的人。天道是天地万物众生运行的自然规律，天道自然、无为无欲、不争不言、柔弱处下、无事好静、包容与善、不伤不害、不割不肆、公平尚和。圣人言行做事遵循天道的特点，天道"利而不害"，有利于万物众生而不给予伤害，圣人悲悯，从不伤人。所以"圣人不积，既以为人，己愈有；既以与人，己愈多"，圣人从不刻意积攒财富，越是帮助别人，自己越是富足；越是给予别人，自己越是富裕。这是圣人处世的原则，有所作为却与世无争。

芸芸众生都有成为圣人的潜质。众生与圣人的区别在于遵循自然规律行事的程度。"信言不美，美言不信；善者不辩，辩者不善；知者不博，博者不知"，值得信任的话可能不漂亮，漂亮的话可能不可信；慈悲善良的人不喜欢争论辩驳，喜欢辩驳争论的人可能不够慈悲善良；有智慧的人可能不广博，广博的人可能不智慧。信与美、善与辩、知与博，在一个人修行的道路上有一种辩证关系。

参考文献

[1] 老子. 道德经［M］.《小墨香书》编委会，编. 长沙：湖南美术出版社，2011.

[2] 陆玉林. 道德经精粹解读［M］. 北京：中华书局，2001.

[3] 陈怡，程钢.《老子》《论语》今读［M］. 北京：高等教育出版社，2003.

后 记

我和贺老师仿佛有种不解的缘分。10年前，在贺老师的支持下，出版了我的博士论文《走出"三农"困境的城镇化发展研究》，那是我从工科生转为文科生的第14个年头，对哲学社会科学的学习规律和研究规律还是懵懵懂懂、一知半解。又过了10年，我逐渐理解哲学社会科学的基本功在经典阅读的功力和深度。学海无涯，学无止境。马克思主义经典著作和中华传统文化经典是两大知识宝藏。硕士和博士阶段，在导师的要求下，我阅读了《资本论》《马克思恩格斯选集》《马克思恩格斯全集》《列宁选集》《毛泽东选集》《邓小平文选》等经典著作。博士毕业后，我从事高校思想政治理论课教学，教的时间越长，越感觉传统文化的重要性和不可或缺。传统文化中的经典著作是中华传统文化的基因和底层逻辑。耕犁传统文化经典，走进中国古人的精神世界，揭示中华文明的精神密码，是学者的必修课，也是这本书产生的缘起。在此感谢贺小霞老师的大力支持。

养一个孩子，就像自己重新成长一遍。感谢亲爱的孩子奚小禾，我们共同成长、相互学习、相互支持。

李红梅、奚小禾于2024年8月26日完稿